これまで
ヒミツに
されてきた
誰でも
トップ層に
入れる

中学生の勉強法 ver.2.0

石田勝紀
Ishida Katsunori

新興出版社 shinko publishing

まえがき

みなさん、こんにちは。著者の石田勝紀です。

私は20歳《はたち》の時に起業して学習塾《がくしゅうじゅく》を作りました。大学1年生の時です。それ以降、たくさんの小中学生を指導してきました。4000人ぐらいの子どもたちを教えてきました。1人あたり最低1年間は教えているので、4000年分の人生ドラマを見てきたことになります。その中には勉強ができる子もいれば、できない子もいました。まったく勉強にやる気が出なくて、成績もボロボロ。学校に行くのを嫌《いや》がっていた子もいました。でも、さすがに中学生のポテンシャルは素晴らしい。見事に変わっていきます。なぜかというと、勉強をできるようにするのは簡単だからです。勉強には方法があって、それをやれば「誰《だれ》でも」確実にできるようになるからです。

そうは言われてもなかなか信じられないかもしれません。それもあって、『中学生の勉強法（旧版）』の本を2019年に出したのです。その後、本を読んで勉強法を実践《じっせん》した中学生からは、「成績が上がった！」「テストの点数が伸びた！」とたくさんの感想をもらいました。でもこの旧版は、定期テストで点数を取る方法だけを紹介していたので、その後、「模試で点数を取る方法を知りたい」「読解力を上げたい」「入試対策勉強方法を知りたい」という声が出てきました。

そこで、新版としてこの本を出しました。旧版の「定期テスト勉強方法」に加えて、「読解力の上げ方」「入試勉強法」など初見の問題に対して、どのように点数を取っていくのかということも載《の》せています。つまり、旧版からバージョンが上がった『中学生の勉強法ｖｅｒ．2.0』になっています。このノウハウで中学生時代はさっさと点数をとってしまって、自分がやりたいことにもっとたくさん時間を使っていきましょう。そうすると充実《じゅうじつ》した中学生活を送ることができます。

よくよく考えてみると、子ども時代、青年時代は、勉強の連続です。少なくとも小学1年生から高校3年生までの12年間は、勉強、勉強の毎日です。家でまったく勉強しないといっても、学校では授業を受けているわけだし、定期試験はあるし、多くの中学生は高校受験をするので、「勉強」はずっと続いているわけなんですよね。もちろん部活に力を入れた中学・高校時代というのもあるけども。でも、学校に行っている以上は、勉強は嫌でもやることになっています。

私は全国あちらこちらから、お声をかけていただいて、中学生、高校生向けの講演会をやっています。そこで感じることは何だと思いますか？　それは、「自分に自信を持っていない」子が非常に多いということなんです。この状態を「自己肯定感《じここうていかん》が低い」と言います。

では、どうして「自分に自信がなくなってしまったんだろう？」

いろいろな理由があるかもしれないけど、一番大きな理由は、「勉強で潰《つぶ》されてしまった」ことだと思っています。小学校に入って、テストが始まり、成績が付けられ、中学に進学すれば、さらに点数や成績の数字がはっきりとして、その次には高校受験があったりして、偏差値《へんさち》ランキングという名のもとに、「序列化」が始まっていきますね。そうすると、例えば、高校のレベルが中ぐらいだったとしたら、自分の人間的価値も中ぐらいと錯覚《さっかく》するようになり、「これ以上、頑張《がんば》ったって意味ないし」とか「やる気起きね〜」と思ってしまう子もいます。でも、これは勘違《かんちが》いで、偏差値と人間的価値はまったくの別物なんだけど、なかなかそれが大人も子どももわからない。

じゃ、どうすればいいか？

「勉強で潰されてしまったのだったら、勉強をできるようにしてしまえばいい！」ということです。でも、そんな簡単に勉強ができるようになるはずないと思いますよね。

できるんです。

実際、私が毎年主宰《しゅさい》している「中学生の勉強法」講座では、たった2時間で、勉強ができるようになっていく子はあとを絶ちません。だからできるんです。でもその方法を今まで知らなかったというだけの話。この本では、それをすべて公開していきます。

勉強って、やり方があって、例えば、覚え方、定期テスト前の勉強の仕方は、上位5％の子はみんな実践しているけれども、そのやり方は、他の人には言いません。それは当たり前ですね。他に言ってしまったら、みんなできてしまい、自分が危うくなるからね。そんな悪意がなくても、聞かれてもいない勉強方法を自分から周囲に言うなんてことは、通常しません。だから世の中に勉強法が広がらないんです。その結果、いつも良い成績を取る子は決まってしまうのです。

何事にも「うまくいく方法」というのがあるのです。でも、それを教えてもらったことがないから、「そんな方法なんかあるわけない」と思ってしまっているだけなんです。たまたま方法に気づいた人、たまたま周囲の大人（親や先生、兄姉）から方法を教えてもらった人だけが、上位5％になっていくっておかしいと思わない？

だから私は、この本で、その方法をすべて「バラして」いこうと思ったのです。そうすれば、もう勉強ができないという理由で悩《なや》む必要はないし、学校の勉強以外に大切なことはたくさんあるから、そのような大切なことに時間を使っていくことができるよね。そうやって、この本を通じて、人生を楽しんでいけるようになってもらいたいのです。

なお、本書は『中学生の勉強法』なので、基本的には中学生に向けて書きました。そのような文体になっています。でも中学生が自分で本を買いに行き、この本に出会うことはほぼないでしょう。おそらく親御《おやご》さんが、本屋で見かけ、手に取られているのではないかと思います。もしお子さんが勉強法で悩んでいたりしたら、この本を渡《わた》してあげてください。「読みたくない！」ということであれば、無理に読む必要ありません。まだその時期ではないというだけのことです。読みたくなった時に渡してあげてくださいね。

もちろん、本書は親御さんが読んでも問題ありません。読まれると、「もっと早く知りたかった〜」「自分が中学生の時に読んでいれば、今こんなことにならなかったのに〜（笑）」と感じると思います。これまでもそのような声がたくさんありました。「あの時知っておけば良かった！」のあの時が、今の中学生たちにもこれから訪れることでしょう。本との出会いは、ときに人の人生を変えることがあります。この本との出会いが、子どもたちの人生を変える転機となってくれれば、これほどうれしいことはありません。

では、人生を変えるかもしれない「勉強方法」について、これからお話ししていきます。

石田勝紀

Contents《もくじ》

もくじ

chapter 1

中学生は いろいろなことで 困っている

私が中学生だったのは、随分《ずいぶん》前のことだなぁ。今から40年以上も前。その頃《ころ》は、いわゆる「不良」と呼ばれるグループ集団がたくさんあって、荒《あ》れている学校がめちゃくちゃ多かった。もちろん私もそのような中学校に入学。「不良さん」がたくさんいるなんてことを知らなかった中学1年生の私は、真面目に制服を着て、学校に行っていた。校門では、毎朝先生が挨拶《あいさつ》して生徒を迎《むか》え、その奥《おく》では、「不良さん」たちが〝カツアゲ〟をやっている。カツアゲというのは、お金を巻き上げること。完全な犯罪。当時は生徒数が多く、1学年400人もいて10クラスもあった。当然、不良の数もものすごく多かった。私が通っていた中学校は、暴力事件で2回、新聞にのった。またもや「〇〇中学校で暴力事件！」という感じで。

中学校は、いわゆる弱肉強食の世界で、弱い子はやられるので、強くないとやっていけない。でも、「不良さん」と言われる生徒たちは、本当は心が優しいこともあり、仲良くなるととても良い人間だった。さらに、当時の中学校の成績の付け方は、相対評価で、5段階評価の5と1の成績は全体人数の7%、4と2は24%、3は38%と、各成績の人数が決まっていた。そうすると、「不良さん」たちは1と2の成績を取ってくれたので、事実上成績は3、4、5しかない。だから4は普通《ふつう》という感じだったね。

もちろん、授業は行われていた。でも、授業中に先生が「不良さん」たちを探しに行ったり、授業妨害《じゅぎょうぼうがい》をされたり、当時の先生たちは大変だったよなぁ。

それに比べると今は随分と変わったね。

今のみんな、中学生時代にも、いろいろなことが起こります。でもそれらは「経験」だね。いろいろな「経験」をしておくと、対応能力が高まるから、できるだけたくさん経験をしておくといいね。当たり前だけれど、人が嫌《いや》がることや、犯罪はダメだよ。

中学生時代というのは、体も大きくなるし、精神的にも成長するよね。成長する時って、人間は「ブレ」ることがあるんです。この「ブレ」は非常に大切で、「ブレ」を経験すればするほど、人間的成長につながることになっている。

でも、親にはそんなことはわかりません（というか自分の子どもの時のことを忘れてしまっている）。親はやっぱり、目の前のことを、あれこれ言ってしまうし、勉強していないと「勉強しなさい！」と言ってしまう。本当にこれは不思議。今、中学生の子も、そんなことを言われたら嫌なのに、自分が親になると、いつしか自分の子どもに「勉強しなさい！」と言ってしまうでしょう。おそらく、江戸時代《えどじだい》の寺子屋に通う子どもたちも、親から「あんた、そろばんの手習い（勉強）はしたの？」とか「素読（音読のようなもの）、やっていないよね～」と嫌味を言われたりしていたんだろうね。

そこで、勉強法について話をする前に、初めにこんなお話からしてみよう。軽い感じで読んでみてね。

❶ 多くの子どもたちが親から言われたくない言葉

まずは、17ページの「親から言われたくない声かけ集」を見てください。これは、小学3年生から中学3年生までの子どもたちにアンケートをとったもので、「親から言われたくない言葉」を集めたものです。今、これを見ている中学生はどう感じるかな。親の立場の方であれば、「いつも言っている…」と感じる方もいるかもしれませんね。親である自分も、実は自分の親から昔言われていたとか、そんなことも感じるかもしれません。

「本当にそんなことを言う親がいるの?」と思う言葉もありますね。でも実際あったことなのです。もちろん、これらの言葉はできれば言われたくないものばかりですね。でも、親は何気なく言ってしまっている言葉だったりします。もちろん、親は子どもをダメにするためにこのような言葉を使っているのではありません。親になれば誰《だれ》でもわかることだけれど、親には「子どもに良くなってもらいたい!」という気持ちしかありません。でもそれがおせっかいすぎて、子どもからしたら余計なことになってしまうことがあるんですね。子どもにしてみたら、これらの言葉は言われたくないことばかりです。

これらのほとんどは、「勉強」に絡《から》んでいる言葉が多いことに気づいたでしょうか。勉強については「言われれば言われるほど、やりたくなくなる」というもの。「今やろうとしていたのに言われた」という経験がある人もいるかもしれませんね。それもその一種。「やりなさい！」と言われて、「はい！　やります」なんて答える人はめったにいるものではありません。特に勉強については、あり得ないでしょう。

では、こんなことを言われている子は、いったいどうすればいいんだろう？

無視するというのも1つの方法。でももっといい方法がある。それは親に言われる前にやってしまうということ。そして勉強で言えば、言われる前に高得点を取ってしまえばいいのです。そうしたらそんなことを言われることは絶対にあり得なくなるからね。

親から言われたくない声かけ集

- 「それくらい我慢《がまん》しなさい！」
- 「みんなに嫌《きら》われるわよ」
- 「後で後悔《こうかい》するのは自分だからね」
- 「あなた、友達、少なくない？」
- 「なんだかんだ言って学歴社会なのよ」
- 「それじゃ、モテないよ」
- 「あなたじゃなくて、親が笑われるのよ」
- 「学校に落ちて一番つらいのは自分だからね」
- 「将来が不安だわ」
- 「そんなこともできないの？」
- 「下手ね、みっともない！」
- 「あなたのためを思って言ってるの！」
- 「お姉ちゃんはもっとできたのに…」

やろうと思っていたけど、
やる気がなくなった！

こう言われると、「そんな簡単に言わないでくれ！」「高得点なんか取れるわけがない！」と言いたくなるかもしれないね。

だからこの本を書いたんです。誰でもできるように。

具体的な勉強方法については後半のチャプターに書きました。でも、それをいきなり見て実践《じっせん》してもそんなに効果が出ないんです。一応、初めから順に読んでいってください。なぜかと言うと、方法には、やはり手順というものがあって、その手順通りに進めないと、いくら勉強方法だけ聞いてもさほど効果が出ないんです。ということで、少々、お付き合いを～。

❷ 多くの子どもたちが勉強で困っていること

中学生は勉強でどんなことに困っているか、知っているかな？　私は、平成元年からたくさんの中学生を指導してきたけれども、実は、最近、「中学生の勉強法」を東京、大阪《おおさか》、名古屋で直接、中学生に教える機会があって、そこで「勉強で困っていること」を中学生に質問してみました。これがこの35年間、実はずっと変わらない内容だから驚《おどろ》きです（21ページ参照）。

部活で疲《つか》れる、集中できない、宿題が多すぎる、なんていうのは、気合い・根性・努力でなんとか切《き》り抜《ぬ》けられるかもしれないけれど、それができないから困っているんだよね。つまり、自分の意志ではどうにもできないということだね。だから、なんとなくできないまま、1年、また1年と過ぎていくことになり、いつの間にか「高校受験の志望校を決めよ！」などと言われる時期を迎えてしまう。

全国、このような中学生ばっかりなんです。もちろん高校生も勉強では同じ問題を抱《かか》えています。そのうち、「やっても意味ないし」と

感じたり、仕方なくやってみたり、なんとなくで終わっていったりする。

では、これらの問題をすべて解決するにはどうしたらいいだろう？

それは、

「短時間で高得点を取れるような無駄《むだ》のないやり方」をやってしまったらいいんだ。

これは知っておいた方が絶対に得だよね。

何か勉強で困っていることはある？ Q

A

◆「どうやって集中したらいいのかわからなくて、すぐに集中できなくなってしまう」

◆「テスト勉強をしていて、いろいろなものの覚え方がわからない」

◆「英語の勉強の仕方がわからない」

◆「部活で疲れて帰ってきて、とても勉強する気になれない」

◆「宿題が多すぎてやりきれない」
（そもそもテストがいつあるのかをテストの直前なのに把握《はあく》していない中学１年生もいた）

◆「単語の覚え方、漢字の覚え方がわからない」

◆「国語の勉強の仕方がわからない。学校のテストと入試問題の内容が違《ちが》うから」

◆「定期テスト勉強のやり方がわからない」

◆「質問教室が学校にないので先生に相談しづらい（あんなかたくるしい職員室に行けない）」

❸ 部活動ってどうしてる？

ところで、部活動に入っている中学生ってかなり多いね。文部科学省の調査では、中学生の部活動参加率の全国平均は87・4％（2019年調べ）。すごい割合だよね。最近は部活動（以下、部活）を指導する先生への負担問題から、休日を作る部活も増えているけれど、程度の差はあれ、運動部（や一部の文化部）に入ると中学校生活の多くの時間は部活で占《し》められることになるね。部活にも意味があって、部活から学べることは多いから、参加するのはとてもいいこと。でもそれが負担になりすぎて、勉強できない、成績ガタ落ち、ということがあると、親も先生も不安になってくる。だって、部活のために学校に行っているわけじゃないし、やっぱり勉強しに行っているわけだからね。

「部活はやめたくない、でも勉強ができない…」

では、どうしたらいいんだろう？

勉強のやり方を知ってしまえばいい。これが一番だ。勉強のやり方がわかると、短時間で効率よく勉強ができるようになる。部活で疲れていても、学校の授業中でマスターしてしまうとか、テスト前の部活の停止期間中に、一気に無駄なく勉強して高得点を取ってしまえばいいわけだから。でもその方法を知らないと、今まで通り、勉強ができない状態が続くだけ。

❹スマホやゲームのやりすぎで怒《おこ》られたことあるんじゃない？

十数年前まではなかった、スマートフォン（以下、スマホ）。この十数年で随分と街中の風景は変わりました。35年前にも携帯電話《けいたいでんわ》はあったけれど、値段がとても高かった。当時はポケットベルというのが登場して、高校生はみんな持っていたね。その後安いＰＨＳが登場して、一気に日本国民が携帯電話を持つようになった。そして、２００７年に革命が起こる。ｉＰｈｏｎｅの登場。それ以降、タブレットも登場して、私たちの生活は激変したね。今では中学生のスマホの所持率は70％〜80％と言われ、高校生に至っては90％以上。ものすごい時代だ。今もそうだけれど、おそらく、今後21世紀は、スマホやタブレットは必需品《ひつじゅひん》で、いつも身につけているのが当たり前になっているよね。今のお年寄りはあまり持っていないけれど、今の中学生がお父さん、お母さん、さらにはおじいさん、おばあさんになった時には、みんなスマホの時代になるよね（もしかしたらスマホよりも進化した何かかもしれない）。

ゲームも随分と進化した。私が小学生の頃は、インベーダーゲームという、とても単純なゲームがはやっていた。これを1回やるのに100円かけていたから、お金をかなり使っていたよね。でもゲームは子どもたちを引き付けてきた。その後、ファミコンが登場して、一家に一台のゲームが当たり前になって、今はスマホにもゲームが入って、無料で簡単にいつでもできるようになったね。

こんな感じで、スマホやゲームは今や子どもたちにとってあるのが当たり前だね。しかもとても魅力的《みりょくてき》で、ずっとやってしまうよね。で、そうなると当然、親は「やめなさい」とか「いい加減にしなさい」と言うよね。なんで親はそういう風に言うのかというと、ずっとやり続けていると何か大きなトラブルになるのではないかと恐《おそ》れているからなんだね。

例えば、視力の低下とか、勉強を一切やらなくなってダメ人間になってしまうのではないかとかね。つまり、親は心配してそう言っているだけで、スマホやゲームを一切禁止にしたくて言っているんではないんだよね。もしそうだったら、初めからスマホやゲームを与《あた》えたりしないから。

で、問題は、自分でスマホやゲームをコントロールできるかどうかということだけれど、どうだろうか？　コントロールできているならば、親からは何も言われないはずだけれど、もし言われているとしたら、それはコントロールできていないということになるね。コントロールできていないとしたら、どうしよう？

ずっとスマホやゲームにハマっていてもいいけれど。自分の人生だから。でも、もしコントロールしたいなら、チャプター3第3節「確実に点数が取れるスケジュールの立て方」(90～91ページ)を参考にしてみて。そうすると、スマホやゲームも上手にコントロールできて、しかも勉強もできるようになると思うよ。

ここで知っておいてほしいことをまとめると、「親は子どもがスマホやゲームばかりにハマってしまって、抜けられないという状態になることを心配している」だ

けで、スマホやゲームが悪いという意味ではないということ。なぜ親はこういうことを言うかというと、親には先が見えちゃうから。先が見えると心配して注意をするようになる。まあ、こんな機会だから、なぜ言われるのかを少しだけでも知っておくといいかもね。これから今の中学生が大人になって、自分の子どもができたら、同じようなことを言うかもしれないから〜。

⑤ SNS（LINE）はみんな使っている？

今は、もう日本国民みんなが使っていると言ってもいいくらいの「LINE」。すごいよね〜。こんな時代になるとは数十年前には考えられなかった。だって、大人の人にとっては、メールだって、つい最近のものという感覚だからね。PTAの連絡やクラスの連絡もLINEを使っているところが多くて、LINEなしには、コミュニケーションが取れないと言ってもいいぐらいの状況《じょうきょう》だね。LINEは日本だけで9200万人以上が使っている。Twitter（ツイッター）が4500万人、

Instagram（インスタグラム）が3300万人だから、それに比べると圧《あっ》倒的《とうてき》にLINEのユーザーが多いことがわかるね（2022年6月末時点）。日本の人口が1億2264万人ぐらいだから、75%の人がLINEのユーザーだね（同年1月時点）。小学生以下、お年寄りはあまり使っていないから、事実上、スマホを使う多くの人にとって、LINEは生活の一部になっている。

このLINE、グループを組んでいると、グループ内の友達が何かを書くとグループのみんなに届くけれど、たくさんの人がそれに反応して、またさらに反応すると、何が重要なメッセージで、何がただの雑談なのかわからなくなっている状態がよくある。こういう便利ツールは使った方がいいし、楽しいけれど、最近は「SNS疲れ」などと言って、SNSと距離《きょり》を置く中高生もいるみたい。いずれにしても、これからの時代、SNSは必要不可欠なので、上手に使っていけるといいね。

chapter 2

勉強方法の前に知っておきたい『5つの重大法則』
——これを知らないと勉強をやってもすべて無駄《むだ》

これまで部活、スマホやゲームなどの話をしてきたけれど、この本は、『中学生の勉強法』がテーマだから、その話をしないといけないね。

でも、本題の勉強の話の前に、中学生にとって身近な部活やスマホ、ゲームのことをしっかり話しておかないといけないよね。なぜかと言うと、これらは勉強とは正反対に位置するもので、中学生にとっては、親から「やりなさい」と言われてなくても積極的にやってしまうものだから。そこで、ちょっと考えたいんだけれど、部活やスマホ、ゲームは親から言われなくても、なんでやってしまうんだろう？　どうして勉強はやりなさいと言われてしまうんだろう？

ここで1つ面白い話をしよう。それは、勉強ができる子の頭の中の話。

勉強ができる子の頭の中って、どうなっていると思う？　さぞかし、真剣《しんけん》に真面目にコツコツやって、かたいお勉強の知識を入れていると思うよね。実は、まったくの逆で、勉強ができる子は、勉強をゲーム化して遊んでいるんだよね。

やっぱり、中学生はゲームが好きなんだ（中学生だけでなく高校生や大人も）。ゲームがそんなに面白いのであれば、勉強を「ゲーム化」してしまえばいいよね。そのやり方は後で教えるけれど、いずれにしても、真面目くさって勉強しているように見えても、実際はゲーム化して楽しんで勉強をやっている。どうかな？　そんなことは周りから見て、わからないでしょ。

これまで、4000人以上の小中高生を見てきたけれど、その中には勉強ができる子もいれば、できない子もいた。できる子の勉強のやり方や考え方というのは、見事に共通していて、ほとんど同じようなことをやって勉強をマスターしていたんだ。

でも、勉強ができる子は、この方法を人には絶対に言わない。別に聞かれてもいないことをわざわざ言う必要はないし、もしみんなに教えてしまうと、知ってしまった子は点数が取れてしまうでしょ。わざわざライバルを作る必要はないよね～。

だから、この方法は世の中に広がらないんだ。たいしたやり方ではないんだよ。知ってしまえば誰《だれ》でもできる単純な手順だけなのに、教えてもらったことがないから、それを知らない多くの中学生は残念な結果に終わってしまう。

さて、そこで質問です。
「今まで『勉強のやり方』って教えてもらったこと、ある？」

例えば、「来週単語テストをするから覚えてくるように」と言われたことはあると思うけれど、「覚え方」って、教えてもらった？

「中間テスト、期末テストの範囲表《はんいひょう》を渡《わた》されたことがあると思うけれど、どうやってテスト勉強するか、どんな計画を立てると高得点を取れるか、教えてもらったことってある？」

たぶんないよね。これっておかしいと思わない？　覚えてきなさいと言われても覚え方を知らない。テストすると言われても、テスト勉強の仕方を教わっていない。これでは、点数を取れるわけがないでしょ。寿司職人《すししょくにん》のように、「見て学べ！」という世界もあるけれど、これは寿司を学びたいと思っている人だから見て学べるけれど、そもそも勉強をやりたいと思っていない中学生に、見て学べとは言えないし、最初からできるわけないいし、何を見ていいかもわからないしね。だからやっぱり、方法というものを知らないと話にならない。

そこで、この本では、上位5％の子がやっている4つのことについてすべて〝バラして〟いきます。別に難しくないから。やるかやらないかだけの話なんでね。すべてをやると完璧《かんぺき》だけれど、すべてできなくても、1つ、2つ、できるものからやってみて。勉強の仕方が変化して、勉強するのが必ず面白くなり出すから。

上位5％の子がやっている4つのこと

❶ 中間、期末テスト勉強方法
❷ 覚え方
❸ 成功するためのスケジュールの立て方
❹ 志望校に合格するためのやり方

では、いよいよ上の4つのことについて話をしていきたいんだけれど、まだすぐに方法は教えられないんだよね～。「なぜすぐに教えてくれないの？」「もったいぶるな」と言われるかもしれないけれど、実は手順があるからね～。

私が、たくさんの中学生の成績を上げていったのは、確かに勉強方法を教えたからだけれど、実は、その方法の前に「非常に非常に」大切な話があって、それを知らないと、勉強方法だけを聞いても効果が続かないんだ。

方法だけ聞いても一時的に成績は上がるんだけれど、やっぱり、継《けい》続的《ぞくてき》に上げていきたいと思わない？　勉強方法自体は、たいしたことはないので、聞いてすぐにできてしまうから。でも方法を知る前にこれからする話が超重要《ちょうじゅうよう》だから、その話を聞いてみて。それから勉強方法を実践《じっせん》しても遅《おそ》くはないと思うよ～（本だから先に後半のチャプターに書いてある方法を見ることはできるけれどね）。

さて、新しい勉強法をいきなり知ってやっても、それなりの効果はあると言ったけれど、これから話をすることを知っておくと、2段階ぐらいはバージョンアップするから、点数の上がり方が半端《はんぱ》ない。点数がそこそこ上がるぐらいでOKの人は、勉強法から読んでもいいけれどね。

では、話をするよ〜。

全部で5つある。読んでもらうだけでいい。読んでいるだけでいろいろと感じると思うし、それだけで効果があるから。

5つの重大法則

❶「思ったことは実現する」という恐《おそ》ろしい法則がある

❷どのゾーン（層）で生きていく？

❸人と比べてもまったく意味がない

❹間違《まちが》い・失敗はどんどんするように

❺本気で成績を上げようと思っている？

第1節

「思ったことは実現する」という恐ろしい法則がある

「思ったことは実現する」—こんなことは聞いたことがないかもしれないね。この法則は、スポーツの世界やビジネスの世界では、一流の人たちはみな、当たり前に知っていて、驚《おどろ》く話でもないけれど、多くの人、特に中学生は聞いたことがないだろうね。

でも、「思ったことは実現する」と言うと、すぐにこういう反論が出るかもしれない。「思ったことが実現するなら誰でもすごくなるんじゃね?」って。

さあ、ここからが重要。「思ったこと」という部分が説明不足だから、そんな疑問が出るんだね。実はこの「思ったこと」とは「〝心の奥底《おくそこ》〟で思ったこと」なんだ。例えば、口で「自分がクラスで一番を取る!」と言ったとする。でも心の奥ではどう思っている?「たぶん無理」と思ってない? そう。だから、その「無理」が実現している。なので、確かに、思ったことは実現しているでしょ。

この法則は昔から古今東西で言われていて、古くは紀元前のお釈迦《しゃか》さんがおっしゃっていた。2500年も前から言われているのに、いまだに一部の人しか知らなくて、知った人は、上位5%になっていくから、広がらない。

いいかい。「心の奥底で思ったことは実現する」ということだから、何を思うかということが大切になってくる。この心の奥底で思うことが実現するのには理由があってね、心の奥底を難しい言葉で、「潜在意識《せんざいいしき》」と言う。通常、私たちが生活している時は、意識して生きているので、これを「顕在意識《けんざいいしき》」と言うんだよ。でも、ときおり潜在意識が動いている。例えば、ボケーッとしながら歩いていても、ちゃんと家に着くよね。これは潜在意識が覚えているから勝手に歩いていける。で、この潜在意識で無意識に人間は動いているから、「こうしたい！」と思っても、それだけでは実現しない。「行けるかも！」と本気で感じると初めて「行ける」ようになる。だから、「次のテストで点数が取れるかも！」と本気で感じ始めると、点数が取れるようになる。

そこで、「できる自分を作るための『秘伝その1』」を教えよう！

【秘伝その1】言葉の種類に気をつける

勉強ができない子の特徴《とくちょう》の1つに、「マイナス言葉」が多いということがある。で、面白いことに、「マイナス言葉」を減らすと成績が上がっていくんです。「まじか?」と思うでしょ。「まじ」なんです。言葉の力ってものすごく怖《こわ》くてね〜。言葉の力で人を活《い》かすこともできれば、潰《つぶ》すこともできるんです。しかも勉強ができない子は自分で「勉強できない」「勉強うざい」「やりたくね〜」「めんどくさ」っていう言葉を口にすることが多い。するとその言葉が自分の耳に入ってくるね。これを「自己洗脳」って言うんです。怖いよ〜。自分で自分を潰しにいっているんだからね。

「じゃあ、どうする?」

まずはマイナス言葉をできるだけ使わないようにすることだね。完全にゼロにはできないから、減らすということで。そのためには、できる限りプラス言葉を使うようにするといい。人間は、プラス言葉とマイナス言葉を同時に使えないからね。プラス言葉を言っているとマイナス言葉は勝手に減っていくから。プラス言葉という

のは、人が聞いていて気持ちがいい言葉。「勉強できない」「勉強うざい」「やりたくね〜」「めんどくさ」という言葉は、聞いていて気持ちが良くないよね。周りが。だからこれはマイナス言葉なんです。

プラス言葉は、例えば、「(間違えたら)どうして違っているんだろう?」とか「へぇ〜楽しいね」とか「これ面白い」という言葉。これらは勉強以外の場面で使っているでしょ。これらを勉強でも使うようにする。すると、これだけで成績が上がっていく。うそじゃないよ〜。ホントに上がるから不思議なんだ。だからこれは「秘伝」なんです。

第2節

どのゾーン（層）で生きていく？

では、次の超重要な話。それは「どのゾーン（層）で生きていく？」っていうこと。ゾーンというのは、例えば、こういうこと。学校の成績が5段階評価であったとすると、オール5のゾーン、オール4のゾーン、オール3のゾーン、オール2のゾーン、オール1のゾーンというのがある。デコボコはあるけれど、ざっくり言うと、こんな感じ。

このうちのどのゾーンで自分はやっていきたいのかということなんだ。さっき話をした「思ったことは実現する」という法則があったよね。今、もし、君が、オール3のゾーンであれば、それは自分ってオール3ぐらい（中間ぐらい）と思ってきたので、それが実現しているということなんだよ。しかも、このゾーンというのは、ずっとこれからも変わらない。下手したら一生。なぜかと言うと、「自分って、だいたいこれぐらいのゾーン」と心の奥底で思っているから。塾《じゅく》に入って、たまたますばらしい先生に出会って、成績が上がって、ゾーンが変わったということがあるかもしれないけれど、通常、ほとんどゾーンは変わらないんです。

もちろん、どのゾーンでもいいんだよ。成績が良い悪いとかって言われるけれど、そんなことは関係なく、自分がいつも『幸せ』ならば。学生時代はオール1のゾーンでもハッピーで、その後、世の中で活躍《かつやく》する一流の職人になった知人がいるように、学校の成績が君の人生を決めるわけではないんでね。でも通常、成績が悪いと「自分ってダメ」とか「テスト勉強だるっ」とか「勉強なんかやりたくねー」とかっていう気持ちにならない？　もしそんなことを感じるなら、間違いなくそれは、ハッピーではないよね。そのハッピーではない状態で、今後、ずっと生きていくって、つらくない？　「じゃあ、どうすればいいの!?」って思うよね。それを解決する方法は簡単。「成績を上げてしまって、できる自分を実感してしまえばいい」んだ。そのための本だからね、この本は。

でも1つだけ、君に決めてもらいたいことがある。それは「どのゾーンでハッピーに生きていくか」ということ。これが「秘伝その2」。オール4？　オール5？　どのゾーン？　オール3のゾーン以下は適当にやっていても取れてしまうから、別に決めなくていいし、この本も読まなくていいよ。おそらくオール4のゾーンかオール5のゾーンだね。いいかい。もう1度言うよ。どのゾーンで生きていくか「決めて」ほしい。それを決めると、君はそのゾーンへと確実に近づくから。「できればオール4のゾーンにしたい」ではダメ。「できれば…」という言葉を使って夢を実現させた人はこの世に1人もいない。「できれば…」ではなく、「決めるのか決めないのか」というだけの話。決めたら変えないように。これがポイントだよ。決めても、すぐに「ダメかも」とか言う人もいるからね。決めたら確実に、そこへ近づいているけれど、近づいている感じがしないから、「ダメ」とか言い出す。それで元に戻《もど》ってしまう。だから、決めたら変えないように！　確実に近づくから。

【秘伝その2】決めたゾーンに必ず行けるので、自分のハッピーゾーンを「決める」こと

第3節

人と比べてもまったく意味がない

このゾーンに行くと決めても、なんかクラスには頭がいいやつがいて、自分は無理かもとか感じることってあるよね。これは、まったく意味がないということを話しておかないといけない。これが「秘伝その3」。人と比べると、どうなると思う？比べるとねぇ、「自分はここまでしかできない」って感じるように、人間ってなっている。これを難しい言葉で「限界意識」と言うんだ。自分に限界を作ってしまうということだね。

面白い話がある。100メートル走の世界記録は今や9秒台だけれど、かつて人類は10秒を切ることができないと言われていた。そう言われていたからずっと誰も10秒を切れなかった。ところが、ある人が9秒台を出すと、とたんに、9秒台が出始める。これっておかしくない？　なんでいきなり9秒台がそんなに出るの？　その理由はね、人類は10秒の壁《かべ》を破れないと大多数の人が思っていたからなんだ。だから、あの人よりは速く走ろうと思っているぐらいで、人と比べているうちは、自分の能力は発揮できないようになっている。比べているものが基準になっているから。でも、そんなことを考えずに、人と比べることなく、自分の能力を発揮したら、なんと10秒を切ってしまった。すると、周りのアスリートが「え、人類は10秒切れるの？」と思って、「自分にも行けるかも」と感じて、たくさんのアスリートが9秒台をたたき出したんだね。フルマラソンもそうで、「人類は絶対に2時間○分の壁は突破《とっぱ》できな

すごい!!
9秒台です!!
人類は新次元に
突入しました—!!!
9秒!?

い」と言われていた。ホント、周りはすぐこういうこと言うからね〜。でもそれを突破した人が出始めると、次々と記録が更新《こうしん》されていったんだね。

だから人と比べるってホント、意味がないんだ。参考にするぐらいだったらいいけれど。比べちゃうと、あいつよりもできない自分とかを想像しちゃって、それが現実化するからね。だから比べない。

でも、ライバルがいた方がいいって言われるよね。これはかなり上の水準になった時にライバルという言葉が通用するのであって、ライバル同士は、どちらも一流で、お互《たが》いを参考にして、一緒《いっしょ》に成長するモデルなんだ。だから、あまりそんなライバルとかを考えずに、正しいやり方や確実に得点できる勉強方法とかをただやればいいだけの話。すると、いつの間にか、これまで比べていた相手の点数を超《こ》えているから。これが「秘伝その3」ね。

【秘伝その3】人と比較《ひかく》しないと伸《の》びていく

第4節

間違い・失敗はどんどんするように

学校や塾で先生に当てられて、答えた時に「違う！」と言われたら、どんな気持ちかな？「やばい」「もう答えたくない」っていう気持ちになるよね。たぶん。「間違えること、失敗すること＝良くないこと」って、これまで思ってきたんじゃないかな～。実はね、世の中の多くの大人たちもそう思っている。だって、そのように育てられてきたからね～。でも、それは完全に間違っている。

「『間違い＝悪いこと』と考えること自体が間違い」なんだよね。

「でも世の中、みんなそう思っているんだから正しいんじゃない？」と思うかもしれないけれど、もしそれが正しければ、世の中の人、みんな成功しているよね。ということはその考え方は、正しくないということなんだ。「間違いや失敗＝宝」と考えた人が成功しているんだよね。だからこのような人は全体の5％しかいない。学校の成績で言えば、「5」を取る割合とだいたい同じ。

勉強で言えば、「間違いを正した時に頭が良くなっている」のであって、間違えなければ、いつまでも頭は良くならないでしょ。それが学ぶということだからね〜。学ぶには間違えなくてはいけない。失敗しなくてはいけないんだよね。それを「間違いは良くない！」とか、「失敗するな！」とか、さも間違いや失敗が悪いことであるように、大人が言うから、子どもたちはそうだと思ってしまうよね。もちろん、わざと間違いや失敗をする必要はないんだよ。わざと間違えたり、失敗したりする人をバカモノと言う。でも、わざとではない間違いと失敗は、超ラッキーだ。成長するチャンスがやってきたということだからね。

ということで、これから、間違いや失敗ということに対して、ビビらないように。落《お》ち込《こ》まないように。逆だ！ ラッキーだ！ と。そこで、ここでは秘伝を教えよう。間違いや失敗をした時に次のような呪文《じゅもん》を言ってごらん。

「えっ！ なぜ違うんだろう？」

この先に成長があるよ～。なぜ違っていたか？ なぜ失敗したか？ これがわかると間違いや失敗は宝になる。それを、「自分ってダメ」とか「やりたくね～」とか言っていると、間違いや失敗は「宝」でなく、「ガラクタ」になるからね。

【秘伝その4】間違いや失敗をしたら
「えっ！ なぜ違うんだろう？」の呪文を唱える。
すると、間違い・失敗が「宝」に変わる

第５節

本気で成績を上げようと思っている？

そろそろ『これまでヒミツにされてきた誰でもトップ層に入れる中学生の勉強法』の話をするけれど、その前に１つ最後の確認。

これまでいろいろと話をしてきたけれど、この質問をしておかないといけないんだよね。この本を読んでいる君は、早く勉強方法を知りたいと思うかもしれないけれど、物事には順序というものがあってね〜。その順番通りに進んでいかないと効果が出ないということもあって、これまで長々と話をしてきたんだ。

そこで、いよいよトップ層、つまり上位５％がやっている勉強法の話になるけれど、ここで最後に１つだけ確認させてほしい。これは本だから、君の顔は見えないし、君がどのように思っているのかわからないので、勉強法の話をする前に、あえて１つの「確認」だけ、させてほしいんだ。

それは、「本気で成績を上げようと思っている？」ということ。

本気で上げようと思っているかな？　こんなことを言うと、そのためにこの本を読んでいると言うかもしれないけれど、あえて聞くね。「本気？」

このように最後に聞かなくてはいけない理由があってね。「本気」でないとこれから話をする勉強法は効果があまり出ないことになっている。でも、もし逆に、本気で上げると決意した人は、１００％上がるんだ。たったこれだけ。本気か本気でないか。「できれば上げたい」と思っている人もいるよね。このような人は本気ではないから、この先のノウハウは読んでも意味がないので、「本気で上げる」と決意した後に読んでほしい。そうすると効果は抜群《ばつぐん》に上がる。

さあ、どうかな。

「本気で上げる」のか「できれば上げたい」のか。

この2つには天と地ほどの差があるよね。「できれば上げたい」という気持ちの人で成績が上がった人はこの世に1人もいない。でも「本気」でやると決めたならば、決めた時から上がり始めるんだよ。

目的地に本気で歩いていくのか？　それとも、できれば目的地に行きたい程度か？　どちらが目的地にたどり着くかわかるよね〜。

私がこれまで教えてきた生徒たちの成績が上がっていったのは、こういう「決意」という背景があったからなんだ。これだけは私の力ではどうしようもできない。

例えば、こういう話がある。「馬を水場まで連れていくことはできるけれど、水を飲むのは馬しだい」。つまり、得点を上げる勉強方法を教えることはできるけれど、本当にそれをやるのかどうかは生徒本人しだいという意味。

でもここでやっぱり、頭の中にちらつくよね。もし「本気でやると決めたのに、上がらなかったらどうしよう」と。人間みんなこんな感じではあるんだよね。だからいつまでもグダグダしていることもある。「本気でやって失敗したらどうするんですか!?」と言いたくなるよね。本気でやって失敗する場合って、どういう場合かと言うとね、「やり方を間違えている場合」なんだよね。やり方を間違えていたら、いくら本気でやっても間違った場所にたどり着くだけだからね。今から話をするのは、正しい方法だから、本気でやると決意したら、失敗はないんだよ。

いいかい。もう1度言うよ。本気で上げると決めるかどうかだ。そして、いったん決めたら変えないように。後で「やっぱりダメだった」と思う時はね、「やっぱり」という言葉が示す通り、初めから上がらないと予想していたことを意味するんだよね。だから本気でやると決めた人には、「やっぱり〜だ」という言葉は絶対に出てこない。必ずうまくいってしまうから。

これまで本気でやってこなかった人も、1回くらい、本気でやると決めてもいいんじゃない?

【秘伝その5】本気でやれば必ず願いはかなう!

では、「本気でやる」と決めた君へ。

ようやく、トップ層、つまり上位5%がやっている超ノウハウを知る道へのパスポートを渡そう。本気でやると決めた段階で、君は80%成功している。後の20%は次に話をする方法をやってみるだけだ。

chapter 3

『上位５％の生徒がやっている勉強法』

——誰《だれ》でも今からすぐに学力がバージョンアップできるヒミツを公開！

上位5%の子がやっている4つのこと

まずは、第1節の「平常の勉強法」をやってみよう。
その積み重ねが実際のテストの得点源だから。
その上で次の4つのことに進もう。

❶中間、期末テスト勉強方法

→第2節・どのように計画するのか？（75〜81ページ）
・科目別勉強法（82〜89ページ）
→第4節（92〜110ページ）

❷覚え方

→第2節・どのように計画するのか？（75〜81ページ）
・科目別勉強法（82〜89ページ）
→第4節（92〜110ページ）

❸成功するためのスケジュールの立て方

→第2節・いつからテスト勉強をし始めるのか？（73〜75ページ）
・どのように計画するのか？（75〜81ページ）
→第3節（90〜91ページ）

❹志望校に合格するためのやり方

→チャプター4（112〜126ページ）

さて、ようやく、勉強法の話になった。これから話をしていく勉強法は、大きく分けて2つある。1つは「平常の勉強法」で、もう1つは「テスト前の勉強法」。平常とは、テスト前ではない、普通《ふつう》の日のこと。テスト前は、定期テストが始まる1週間前から10日前あたりのことを言うんだ。

この2つの話になると、どうしてもテスト前の勉強法を早く知りたくなるよね。知れば簡単に点数が取れそうだから。今、この本を読んでいる君がテスト前であれば、「テスト前の勉強法」から読んでもいいけれど、そうでなければ、「平常の勉強法」からやってみてね。実はこれが超重要《ちょうじゅうよう》で、たいした内容じゃないように見えるけど、この方法で勉強をしておくと、実際のテストの時に点数が取れるようになっていくからね。

では、始めるよ〜。平常の勉強法からだ。

第1節

毎日の学校と家でこれだけはやっておく

日々、学校で授業を受けている時に、次の3つのことだけはやっておいてほしい。これをやるのとやらないのとでは、天と地ほどの差がつく。それは「ノートの取り方」「問題集の使い方」「プリントの使い方」の3つ。

学校の授業の受け方

ノートの取り方

日付は必ず入れる。

テスト前に楽をするためだよ。日付を入れておくと、テスト勉強を始めやすいんだ。試験範囲《しけんはんい》は前回のテストの後の日からが始まりになることが多いので、試験範囲表が出る前に勉強をスタートさせることができるからね～。

黒板に書いてあること以外（先生がしゃべったこと）をいかに書《か》き込《こ》むかが最大のポイント。

通常、多くの生徒は、先生が黒板に書いたことしか、書かないよね。それなら、友達のノートをコピーしてもらえばいい。内容は同じだから。ノートを取ることは最低限必要だけど、これだと他の人と同じだよね。他の人と同じということは、同じような点数しか取れないということ。

じゃあ、何をすればいいのかと言うと、自分のノートには、先生が黒板に書かないでしゃべった、重要そうなことを書くんだ。何が重要なのかがわからなければ、とりあえず、先生のおしゃべりをメモしておく。これを書くかどうかが超——重要になる。なぜかと言うと、先生のおしゃべり、それこそがテストに出る部分だから。多くの他の生徒はメモっていないから、君だけのとっておきの情報が君のノートに書かれていくんだ。そのノートが自分、君だけのオリジナルになっているその段階で、テストでは点数が相当取れることを意味するぞ。

〝できる〟やつは、人と同じことはやらない。オリジナルなノートを作ってしまおう。

蛍光《けいこう》ペン、色ボールペンを自由に使って遊ぶ。

今、ノートの話をしたね〜。そのノートを目立たせていくための、道具を手に入れよう。道具とは、蛍光ペンと色ボールペン。蛍光ペンは3色あるといい。1色でも悪くはないけど、この後の問題集の使い方で3色ある方がいいことがわかるよ。蛍光ペンの色は、何色でもいいけれど、目立つ色がいい。なぜなら蛍光ペンは目立たせるために使うものだからね。そういう意味では黄色は避《さ》けた方がいい。なぜならば、それほど目立たない上に時間がたつと消えてしまうから。

そして、もう1つの道具である色ボールペンは2色あるといい。赤と青があれば十分。

ここで確認したいんだけれど、蛍光ペンと色ボールペンの使い方の違《ちが》いは知っている？

蛍光ペンは文字を塗《ぬ》るためのもので、色ボールペンは、文字を書くためのもの。だから蛍光ペンで文字を書くとわけがわからなくなるし、色ボールペンで目立たせたい部分の下に線を引くと逆に目立たなくなるんだよね。もちろんどうしても使いたいのであれば止めないけれど、こういった使い方の違いがあるから、その違いを意識して使うと、勉強法の効果をより実感できるはずだよ。

このようにして、自分のノートや教科書を蛍光ペンや色ボールペンを使ってじゃんじゃん加工してしまおう。きれいなノートや教科書よりも、自分だけの、世界にたった1冊のオリジナル、独自のものを作ってみよう。そのために学校の授業を受けていると考えれば、少なくとも眠《ねむ》くなることはないし、先生の話を集中して聞くから、嫌《いや》でも学んでしまっているので、成績は知らず知らずのうちに上がってしまうよ。

問題集の使い方

これまで問題集って、たくさん使ってきたよね。小学校から随分《ずいぶん》と多く。でも、問題集の使い方って教えてもらったことあるかな？　もし、ないとしたら、次に書く手順で今後は勉強してみてね。効果は必ず100％上がるから。これまで問題集を使って勉強してきたけれど、効果が出なかった人は、おそらくそのやり方が間違っていた可能性があるね～。

問題集に答えを絶対に書き込まない。

答えを問題集に書いちゃうと、次に解く時に見えちゃうでしょ。だから問題集に答えは書かない。でも、学校で答えを書いて問題集を提出しなさいという場合は、仕方ないので、書いて

しまっていいよ。

問題集は原則として3回繰《く》り返《かえ》す。

実は、問題集はどれでも、3回は繰り返さないと、習得できないようになっている。もし、君が超勉強好きで、見ること聞くことが全部頭に入るのであれば、問題集を3回も繰り返さなくてもいいかもしれないけれど、通常そういう人はほとんどいないからね。そもそも人間は忘れる動物なので、3回は繰り返さないと頭に入らないんだよ。今まで問題集を1回しか解いてこなかった人は、テストで点数が思ったほど取れなかったはずだ。1回だと、できる問題とできない問題を分けているだけだから、習得はしていないんだよね。

原則として1回目に解けた問題は、2回目は解かない。2回目に解けた問題は、3回目は解かない。

基本、1度解けた問題は、もう理解が十分にできていると考えるので、次は解かない。「でも前の問題の解き方を忘れていたらどうしよう?」って思うよね。それで気になってもう1回解いてみる。これを繰り返すから時間が足りなくなる。そこは気にせずに、1度解けた問題はとりあえず、やらないで、できない問題を繰り返すことに集中してほしい。

間違えた問題はカッコのところに蛍光ペンで色を付ける。（2回目も間違えたら色を変える。3回目も間違えたらまた色を変える）

問題集を1回目に解くのは、「できる問題とできない問題の仕分け」なので、**たくさん間違いがあっても気にせず、どんどん蛍光ペンで色を付けていこう。**繰り返すうちにできるようになるから。これが「勉強」。初めからできていれば、それは「勉強」とは言わない。

そして、2回目は、1回目に間違えた問題だけを解く。3回目は2回目に間違えた問題だけを解く。そして、**3回やっても間違えた問題、これがテストに出る問題**だ。これは私が長年小中高生を教えてきた経験から見つけたある種の法則。なので、これを大切にしておくようにね。「間違えた問題＝宝」だからね〜。

間違えた問題はその場で解答解説を見て理解する（「わかった！」という感覚を忘れずに）。

解答解説を読んでもわからなければ、その問題番号を書いた付箋《ふせん》を問題集に貼《は》り、後日先生に聞いて必ず解決する。問題の解き方を理解し納得《なっとく》して、ようやく問題が解けるようになるのだから、これは避けてはならないんだ。

これができる人とできない人との分かれ道。「先生に質問するように」と言われても、職員室に入ること自体に抵抗《ていこう》があるし、質問しているところを友達に見られると「何かっこつけてんだ〜」とか「先生にゴマすってやがる」とか言われるんじゃないかと、恐《おそ》れることもあるしね。でも、それは妄想《もうそう》で、自分が気にしているほど、人は気にしていないんだけれど、抵抗はあるかもしれないね。そういう時は、タイミングを見て質問したり、塾《じゅく》に行っていれば塾の先生に聞いたりすればいい。でも、質問するのを忘れちゃうこともあるね。だから、解き方のわからない問題番号を書いた付箋を貼っておく。その付箋を貼っておけば、その付箋のビラビラがいつまでも問題集から出ているから、気になるよね。気になると、人間、なんとかしたいと思うようになるものなんだ。そして、質問で解決したら、そのことを解答解説に書いておこう。なぜかって？　だって、1回聞いただけだと忘れちゃうでしょ。だから、書いておくんだ。本当はスマホのビデオ機能を使って、説明してもらっているところをビデオに撮《と》っておくのがいいんだけれど、たいてい学校にスマホを持っていけないと思うので、聞いたことを簡単に思い出せるように書いておく。その時に使うと便利なのが、大きめの付箋。この付箋に先生から教えてもらったことを書く。そして、その解答解説のところに貼っておく。これをやっておけば、後からでも先生の言っていたことを思い出せるからね。

プリントの使い方

プリントを配られたら日付をすぐに入れる。

テスト範囲がすぐにわかるようになるから、テスト前が楽になるよ。

でも、だいたい配られるプリントにはもともと日付が入っていることが多いね〜。

プリントは必ずファイリングをして保存する。

プリントを失くしたり順番がわからなくなったりしないから、後で楽だよ。

ファイルはどれでもいいけれど、できれば入れるのがめんどくさくないものが◎。だからオススメしているのは、クリアファイル。1枚10円ぐらいで安いし、100均でも売っている。いろいろな色があるので、科目を色分けしておくのがイチオシ。この色別ファイルに、日付順、科目別に入れておけば簡単に保存完成。2穴パンチで穴を開けて、保存するファイルとかもあるけれど、オススメはしないな。めんどうなことは人間、長続きしないので、誰にでも手軽にできるクリアファイルでの保存、やってみてね〜。

そして、保存したプリントは定期テスト前に使用する。なぜなら、**テスト問題はプリントから出る確率が非常に高い**から。プリントをぐちゃぐちゃにして教科書やノートにはさんでいる生徒をよく見かけるけれど、そのような子はだいたい点数が悪いんだよね。だから保存はクリアファイルにきれいにしておいた方がいいよ。

こういったことをやっておくと必ず成績は上がる!!

ここまでは、学校のノート、問題集、プリントについて話をしてきた。そのために、蛍光ペン、色ボールペン、付箋、クリアファイルと、文房具《ぶんぼうぐ》を最低限持っておくことをオススメしたね。これらは、100均や文房具屋さんにたくさんの種類が売られているから、自分の好きなものを選ぶといい。**このような道具をそろえるというのも、勉強を面白くするきっかけになる**からね〜。

家での勉強

最低毎日1時間ぐらいやろう。そうするとテスト前は〝超〟楽になる。やらないとテスト前が〝超〟大変になる。どちらを選ぶのかは君しだいだ。

家で何をやるか？

宿題

これは当然だね。一番優先順位の高いのがこれ。

「数学」をやる。学校で使用している問題集を使う。

次がこれ。数学は絶対条件だ。理由は後で説明するけど、簡単に言っておくと、「テスト前の期間ではほとんど数学はやらず、ふだんやっておいて完成させるため」。学校で終わった部分の問題を解く。余力や時間があれば、次回の試験範囲になる問題をやる。もちろん3回転は基本。「問題集は3回繰り返す」と、63ページで言ったね。数学って、案外時間がかかるんだよ。しかも、そのほとんどが「できる計算」なのに。そんなできる計算にばかり時間が取られるから、テスト前に数学はやり終えられないんだよ。なので、ふだんやっておく。これが「戦略」で、数学の注意点(70ページ参照)だ。

「できない問題↓できるようになる」が勉強なので、「できない問題↓できないまま」だったら、何も学べない。チャプター2の「えっ！　なぜ違うんだろう？」を思い出して、「できない問題↓できるようになる」まで徹底的《てっていてき》にその問題と向き合おう。

数学の注意点

- **数学は学校で終わった部分だけ。予習はやらない。**
- **計算ミスで間違えた問題は、できた問題として処理する。**
  計算ミスは数学ができないのとは別の問題なので、試験本番中の見直し方法しか計算ミス対策はない。詳《くわ》しくはチャプター7の「中学生のQ＆A」に計算ミスを発見する方法を書いたので、そちらを見てね（199～202ページ参照）。
- **やることがなくなったら、前の部分（1回やって間違った問題）をやる。**
- **次回の試験範囲になりそうな部分を合計3回転させておく。**
  テスト前には、「3回やって間違えた問題だけやる」ために「3回間違えた問題」を集めておくように！　それがテストに出る問題だ！
- **数学はやってもわからないということがあるので、わからない問題には付箋を貼って、学校の先生や誰かに聞く。これをやらないと勉強とは言わない。**

「英語」をやってもいい。

「やってもいい」というのは、時間があればやってもいいという意味。もちろん、勉強はやればやるほどできるようになるので、やった方がいいけれど。

でも通常、中学生はそんなに時間が取れないでしょ。部活をやったり、塾へ行ったりで。だから、一番の優先は「宿題」。そして次が「数学」。さらに、万が一時間があったら英語という順だ。ただし、私立中学校で「英語の予習をしてきなさい」と言われているのであれば、それも一種の宿題だから、優先順位は1位に上がるよ。

さて、さっきチョコっと話をしたけれど、なぜ、数学を平常の日にやっておくのか？

実は、ものすご～く重要なことがあるんだ。それは、定期テスト前の試験勉強期間に数学をやっている生徒は、全教科の点数がどれも悪いんだ。なぜだと思う？　数学って時間がかかるでしょ。ほとんど計算ばかりだから。でも、ほとんどの時間を費《つい》やす計算問題の大半は、通常、〝できる部分〟なんだよね。テスト前に、そんな、

〝できる部分〟に大半の時間を使ってしまうと、他の教科に影響《えいきょう》が出るでしょ。テスト前の時間って、とても限られていてものすごく貴重なのに、コツさえわかれば解ける計算問題に時間を取られるって意味ないと思わない？

テスト前は、覚える系の科目、理社などに全力投球するから、数学の計算なんか解いていられないんだよ。だから、テスト前に数学の勉強に時間を費やしすぎている生徒は、覚える系の科目の勉強に時間が十分に取れず、全教科の点数が悪いんだ。

ということで、平常の日に、数学はやってしまっておくことが、定期テストで最高得点を取るための条件なんだよ〜。

日頃《ひごろ》数学をやっていて、問題集を回転させるよね。基本、問題集で勉強するから。そして、3回やっても間違えた問題ってあるでしょ。それをテスト前の試験勉強期間に入れ込むんだ。テスト勉強期間1週間や10日の間にまったく数学を勉強しないというわけではなく、多少はやる。でも、多少であってそんなにはやらない。では、何をやるかと言えば、「3回やっても間違えた問題」だ。実は、これがテストに出て間違える問題。だからこれを〝しつこく〟テスト前にもう1度組み込んでおく。

第2節

高得点を取る中学生はテスト前にこうやっている
―頭の良い・悪いではなく、「やる」か「やらない」かだけ

さて、いよいよテスト前にどうやって「戦略」を作るかを教えることにしよう。戦略というのは、戦い方のこと。テストって戦いではないんだけれど、何か「戦略」と言うとカッコいいよね。「え、ちょっと違うけど」と思ったら、これから自分が主役で登場する〝ミュージカル舞台《ぶたい》の本番〟の「シナリオ」作りと考えてみよう。「戦略」「シナリオ」、いずれにしても、これが書けると、テストはこの段階で90％は高得点が取れたことになるよ。それぐらい、大切なことだ。

いつからテスト勉強をし始めるのか？

今まで、テスト勉強はいつぐらいから始めていたかな？　または、これから初めてテストを受ける中学1年生は、定期テストのために、いつから試験勉強をし始め

ようと思った？

これまで、いろいろな中学生に話を聞いてきたけれどね、点数が取れない子は5日前以内、点数が取れる子は10日前〜7日前と言っていた。もちろん例外はあるけれど、日数が短いということは、それだけ試験勉強の内容を繰り返すことができないので、当然、点数は悪いよね。

だから、通常、次のように考えておいてね。

中間テスト→7日前
期末テスト→10日前（科目が多いから）

でも、慣れないうちは中間テスト10日前、期末テストは14日前からやる必要があるね。試験範囲は1週間前に出るので、どの部分を勉強していいかわからないよね。なので、おそらくこのあたりから出るだろうと予測して、始める。そのために、ノートに日付を入れておくんだよ。58ページで言ったことだ。日付を見ればわかるんだ。次はどこからが試験範囲になるかということが。

どのように計画するのか？

さて、ここで超重要なことを教えるよ～。
それはね、試験勉強期間を大きく3つに分けるということだ。

ステップ1～ステップ3まで3つに分けるんだ。なぜかと言うとね、みんな、勉強は好きじゃないでしょ？　好きでないことは、1回解いただけでは頭には入らないんだよ。1回で頭に入るような頭脳を持っている人は世の中に極めて少ないので、3回は回転させないといけないんだよ。ペンキを塗る時もそうでしょ。1回だけ塗ってもきれいには塗れないよね。3度塗りをすると美しく完成していくんだ。そんな感じでやっていくといいよ～。

そして、まだ全体像がよくわからないと思うけれど、ざっくりと言っておくよ。

ステップ1

覚えようとしない段階⬇音読、黙読《もくどく》、ノート書き写し

この段階は、まだ勉強をやる気がない段階なので、寝転《ねころ》がってやっても、適当にやってもいい。さらに、なんと！　覚えてはいけない段階だ。そう覚えてはいけないんだ。面白いでしょ～。覚えてはいけないなんて言われたことはないと思うよ。でもこの段階では覚えてはいけないんだ。やることはただボケーッと「読む」「書く」だけ。実はこれは後々、ものすご～い力になる！　やっておいてよかったと思えるステップ1だ。

ステップ2
覚える段階➡重要用語を覚える、問題集3回転

この「覚える段階」になると、だんだん、勉強をやる気になってくる。だって、ステップ1で、適当でも、勉強らしいことをやってしまって、体が慣れてきたからね～。

そして、暗記ペンを使って覚えることや問題集を繰り返すことなど、覚えることに集中する。

ステップ3

だめ押《お》し段階（テスト前日）

最後の「だめ押し段階」は、テスト前日のこと。だから1日だけだ。ここでは、問題集や自分でやった小テスト（単語や漢字など、暗記ペンを入れてテストしたものとか）で3回やって間違えた部分をだめ押しでテストし、丸ごと覚えてしまう。3回やっても覚えられない、できない部分が、テストに出て間違える部分だから、これをテスト前日に短期記憶《たんききおく》でいいからインプットしてしまおう。すると、自己最高得点が取れる。

ざっと、こんなイメージ。詳しくは後でまた説明するけど、だいたいのイメージは作れたかな？

もっとイメージができるように80～81ページに図を付けておいた。この図の内容は覚えなくていいよ。ざっと見てみて、試験前の計画ってどういう感じで作るのかというざっくりとしたイメージだけ、捉《とら》えておいてね～。

3回
間違えた
問題

ステップ1
テスト10日前～7日前

英語

試験範囲の教科書〝20回音読〟。

数学

これまでやった問題集で間違えた問題を回転（範囲すべての問題を解く時間はないため、テスト期間に入る前の平常の期間にすべて数学は終わらせておく）。

国語

ノートに書いてあることを教科書に書き込んでから、現代文は黙読5回、古文・漢文は音読20回。

理科・社会

教科書の黙読3回（歴史のみ5回・地理は省く）＋ノートまとめ（ノートに書いてあることを別のノートに書き写すだけ）。

ステップ2

5日前～2日前

英語

問題集があれば3回転し、最後に、新出単語のテストを行う。

国語

プリントや問題集があればそれらを解く。なければノートに書いてあることを理解し覚える。

理科・社会

暗記ペンで隠《かく》して繰り返しテストをする。問題集があれば3回転する。

ステップ3

前日

- 前日は翌日の勉強のみ。
- 翌日、数学のテストがある時は、午後10時までに寝《ね》る。
- テスト当日は早めに教室に入り、最終確認をテスト開始ギリギリまで行う。特に暗記系に集中する。

科目別勉強法

ここでは主要教科5科目について全体のイメージができるように簡単に書いておきます。詳しい方法については第4節（92～110ページ）を読んでみてね。混乱しないよう、ここでは簡潔にまとめてあります。

◆英語のやり方◆

❶ 音読20回
❷ 問題集3回転＋新出単語テスト
❸ 3回やっても間違えたものをだめ押しで覚える

英語はこの順番。まずは音読20回から入る。これは、覚えようとしないのがコツ。ただ読んでいればいい。ただし日本語訳を対照させながらね。すると、穴埋《あなう》め問題、並べかえ、整序語順問題、訳の問題はすべてできるようになる。口が覚えているので。回数は20回。これ以下だと効果はあまりない。また20回以上は何回音読しても効果は同じ。そして❷の段階で、問題集をやり、最後に新出単語のテスト。いいかい。新出単語の記憶は最後の段階でやるんだよ。最初にやってはダメ。脳は新しいことを覚えることに抵抗するので、音読、問題集をやって見慣れた単語にしてから、最後に新出単語という順番だからね。そうすると最後の段階では新出単語のほとんどはわかるようになっているから。

◆数学のやり方◆

❶平常の期間に3回解いても間違えた問題だけをやる

テスト前の勉強期間（7日前とか10日前）に数学はほとんどやらない。数学は日常、平常の期間の勉強で終わっている。平常の期間に3回やっても間違えた問題をテスト前の勉強期間中にやる。この期間中に数学に多くの勉強時間を費やしている生徒は全科目の点数が低い。3回解いても間違えた問題だけをやれば、テスト前の勉強期間中の数学の問題数はそんなに多くないし、時間も短くてすむ。私の長年の経験からこの3回解いても間違えた問題が「テストに出る問題」。

◆国語のやり方◆

❶ノートに書いてあることを教科書に書き込んで5回黙読

❷教科書準拠問題集《きょうかしょじゅんきょもんだいしゅう》（学校使用）を3回転、プリントがあれば、その問題も3回転＋新しい漢字のテスト

❸3回やっても間違えたものをだめ押しで覚える

＊古文と漢文は外国語扱《あつか》いと考えて、英語と同じやり方で行う

国語はまず授業で先生から聞き取った話をくまなく、国語の教科書に書き込もう。どの教科にも言えるけれど、試験と関係のないような情報に見えても、実は内容と深く関わっていることもあるから、すべて書き込むこと。そして、その書き込んだ細かいところも含《ふく》めてすべてを5回黙読する。古文と漢文は、現在の日常生活には使われていないから「外国語」として考えて、英語のやり方をやってみて。

短時間で効率よく国語を勉強するのに便利なのが、教科書準拠問題集。実は、先

生からの要望も組み込まれて何度も作り直されている。だからこそ、テストによく出る問題だらけなんだ。問題集には、「よくでる」などとマークで示してあるから、時間がなくなってきたら、こういう箇所《かしょ》を中心に勉強する手もある。特に新しい漢字や覚えにくい古文や漢文などはこのようなマークを十分に活用して勉強するに限る！

◆理科のやり方◆

❶教科書の試験範囲部分3回黙読＋ノートに書いてあることを別のノートに書き写す

❷重要用語を暗記ペンで塗り、3回転テストする＋教科書準拠問題集（学校使用）を3回転＋プリントに問題があればそれも3回転

❸3回やっても間違えたものをだめ押しで覚える

理科はまず教科書の試験範囲部分を3回黙読。読めない漢字や記号、わからない公式や図表などには、蛍光ペンを塗る、囲むなどして、印を付けるのも◎。次に、理科の授業で先生から聞き取った話を別のノートに書き込む。覚えようとせず書き写すと、写経《しゃきょう》のように覚えてしまうこともあるよ。ただし、学校の授業でプリントを使っている場合は、プリントに書いてあることを別のノートに書き写す作業は大変だから、これは飛ばして❷の重要用語の暗記ペンから入ってね。

数学の計算や公式を使って解く問題が多い物理・化学、慣れない用語が大量で、暗記が多く考えさせる問題が多い生物・地学があって、「数学より」なのか、「暗記よ

り」なのかで、勉強の仕方も少しは異なるけれど、どちらも、解き方の方法を理解して、正解までたどり着く点では同じ。これを要領よく学習できるのが教科書準拠問題集だ。この問題集については84ページでも説明したけれど、詳細《しょうさい》はチャプター6を見てね。

◆社会のやり方◆

❶ 教科書の試験範囲部分5回（公民は3回）黙読（ただし地理除く）＋ノートに書いてあることを別のノートに書き写す

❷ 重要用語を暗記ペンで塗り、3回転テストする＋教科書準拠問題集（学校使用）を3回転＋プリントに問題があればそれも3回転

❸ 3回やっても間違えたものをだめ押しで覚える

社会には、「地理」「歴史」「公民」と3つの分野があるね。「歴史」の教科書の試験範囲部分を5回、「公民」は3回黙読。これだけでも時間がかかるから、「地理」は黙読を省く。ノートの内容を別のノートに書き写す作業は3分野とも必ずやるこ

と。ただし、理科と同様に、学校の授業でプリントを使っている場合は、プリントに書いてあることを別のノートに書き写す作業は大変だから、これは飛ばして❷の重要用語の暗記ペンから入ってね。

重要用語を暗記ペンで塗って、オリジナルな問題集で3回転テストしたら、学校で使っている教科書準拠問題集も3回転。特に「地理」は、教科書の黙読を省いた分、教科書準拠問題集に登場する、見落としがちな資料、地図、表など、そして、そこに出てくる地名や用語などを、すべて頭にたたき込んで覚える気持ちで問題を解こう。「歴史」や「公民」も同じ。資料や図、表を丸ごと覚えて、自分で何も見ずに絵として描《か》けるくらいまでに仕上げる。この「覚えるぞ!」という緊張感《きんちょうかん》と集中力こそ、覚える時には大事で、これらは「訓練」できたえられる。実際のテスト問題を解く時にもこの訓練で身に付いた力が発揮されるんだ。

以上のことをスケジュール化して実行するけれど、見ればわかる通り、繰り返しの作業が多いでしょ。だから、時間が足りないことがわかるよね。なので、テスト勉強期間中は時間がある限り勉強するんだ。そうしないと時間が足りない。月曜~

金曜は、1日あたり3〜4時間、土日は8〜10時間は必要になってくる。でもこれってテスト前だけの話で、年間4〜5回しかないから、この期間ぐらい、「本気」で点を取ろうと思っていれば、絶対に行動できるようになっちゃうんだよね。

じゃあ、どんな感じで、スケジュールを立てるのかというと、90〜91ページのような感じだ。このサンプルは、「塾に行っていない」「部活は停止している」「習いごとはない」という状態でのパターンなので、塾や部活、習いごとがある場合は、さらに時間が削《けず》られていく。

第3節

確実に点数が取れるスケジュールの立て方

学校の授業スタイルや使用する教材によって、さまざまなパターンが考えられるけれども、普通は次のような形でテスト前の全体を計画している。

日　3	月　2	火　前日
起床	起床	起床
英語問題集②		
英語問題集②		
数学3回 間違い問題		
お昼ご飯		
理科問題集①		
理科問題集①		
地理問題集①		
地理問題集①	理科問題集②	翌日の科目
英語問題集③	理科問題集②	翌日の科目
晩ご飯	晩ご飯	晩ご飯
		翌日の科目
英単語・漢字	地理問題集②	翌日の科目
	地理問題集②	就寝
就寝	就寝	

★薄《うす》い黒色は学校にいる時間。空いている時間帯は生活時間（食事、休憩《きゅうけい》、お風呂《ふろ》など）。

例えば、計画はこんなふうに立てる　テスト前1週間モード

	水　7日前	木　6	金　5	土　4
6:00				
7:00	起床	起床	起床	起床
8:00				
9:00				数学3回 間違い問題
10:00				数学3回 間違い問題
11:00				英語問題集①
12:00				お昼ご飯
13:00				英語問題集①
14:00				理科記憶
15:00				理科記憶
16:00				
17:00	英語音読 L2　L3	英語音読 L4	英語問題集①	地理記憶
18:00	地理ノート写す	地理ノート写す	英語問題集①	地理記憶
19:00	晩ご飯	晩ご飯	晩ご飯	晩ご飯
20:00				
21:00	理科教科書黙読	理科教科書黙読	地理ノート写す	国語黙読
22:00	国語教科書 書き込み	国語教科書 書き込み	国語黙読	
23:00	就寝	就寝	就寝	就寝
24:00				

★計画は通常その通りにいかないので、土日で時間調整する。土日が勝負。
★夜11時には就寝《しゅうしん》。それ以降に勉強はしない。12時以降は活動力が落ちるので。

第４節

詳しい科目ごとの勉強法

―どうせ勉強するなら、高得点を取ってしまえ！

第1節から第3節で、ざっくりとした勉強法とスケジュールの例を出した。これを参考にスケジュールを作ってみるといい。でも、もっと詳しく勉強方法を知りたいという人のために、この節を書いたよ。すべて読んでも、頭に一気に入らないと思うので、知りたい科目の部分から読んで、まずは実行してみてね。

【英語】―音読20回が基本、これがないと点数は取れない！

ステップ1

◆試験範囲のレッスンの**音読（声に出す）を20回行う。**

音読は「見る・聞く・話す」の3つの感覚器官を使うため定着度が高い。

●音読方法●

①1回目は英語の一文を読んで日本語訳で確認する方法で、次々と進める。

②　2回目以降は、訳がわからない時のみ日本語訳を見る。
③　1レッスンにつき20回の音読をやるが、1日で20回やる必要はない。何回かに分けて行う。

ステップ2

◆**問題集を解く。**その際、間違えた問題にチェックをしておき、2回目解く時は間違えた問題のみ。このやり方で合計3回は間違い問題を解く。すると1回目よりは2回目、2回目よりは3回目の方が解く問題数が少なくなる。そして3回やっても間違えた問題を前日に覚える。この3回やっても間違えた問題がテストに出る問題。

◆問題集の作業が終わったら、**新出単語が英語で書けるかどうかのチェック**を行い、書けない単語は覚える。新出単語チェックの方法は、紙の左側に日本語を書き、右側に英語を書く。そして英語で書けるかどうかのテストを行う。これを繰り返す過程で、間違いの数が減り、覚えていく。「覚える＝繰り返しテストすること」であることを知っておくこと。

ステップ3

◆この作業は、**英語のテスト前日**に行う。これまでの作業で**最後までできなかった部分の確認作業**。ステップ1で音読をやったが、ここで日本語訳を最後まで見ないと訳せない文章を再度、音読。ステップ2で3回間違えた問題を再度解き、覚える。新出単語も覚えられなかった単語を書けるまでテストする。

【数学】―テスト勉強期間前までに問題集を3回転させておく

数学は、基本的に問題演習量が多いため、テスト勉強期間中に数学の問題を解き始めている場合は、他教科にも大きなマイナス影響を与《あた》えます。そのため、**テスト勉強期間に入る前まで（平常の期間に）に、一通り数学の問題集は3回転終わらせておく必要があります（2回転はまだ不足。効果が出るのは3回転目から）**。それが前提です。それができていれば、テスト勉強期間中は、**平常の期間**にやった問題集で3回間違えた問題（これがテストに出る問題で出たら間違える問題）をテスト勉強期間中に振《ふ》り分《わ》けて入れます（余裕《よゆう》があれば2回目に間違えた問題も入れる）。すると数学に対して時間をかけずに、他教科の勉強時間を増やすことができます。

※解答解説を読んでもわからない問題には、必ずその問題番号を書いた付箋を貼って、後日、先生に聞いて解き方やそのポイントを書いておいてください。これがテストで活《い》きることになります。

ステップ1

◆平常の期間にやった問題集で3回間違えた問題（これがテストに出る問題で出たら間違える問題）をテスト勉強期間中に振り分けて入れる（余裕があれば2回目に間違えた問題も入れる）。

ステップ2

◆テストの前日は10時までに寝る。

【国語】―現代文は黙読5回、古典は音読20回

現代文

国語は現代文（小説や説明文など）と古典（古文や漢文）に大きく分かれています。現代の日本語で書かれている文章は、**音読ではなく黙読作業をします。しかも回数は英語とは異なり、5回が基本。**ですから黙読作業のスピードは速いことでしょう。しかし、英語と違って文章の量が多いので、それなりに時間はかかります。

ステップ1

◆**ノートに書いてあることを教科書に書き込んで**（蛍光ペンや色ボールペンを使って書き込むとメリハリがついて印象や記憶に残りやすい）**から黙読を5回**する。

ステップ2

◆学校で使用している国語の問題集があればそれをやり、配付された問題付きプリントがあれば、それも3回転やって、それが終わったら、新出漢字を覚える。**新出漢字の覚え方は、英単語と同じで、繰り返しテストをする。**

ステップ3

◆テスト前日は、**教科書を再度1回読む。**文法や漢字など覚えなければならないことは、**最後テストをして、できない問題や漢字を書いて覚える。**書く回数は5回。そして、テスト当日の朝に再度、最後まで覚えられなかったものを見て確認する。

古典（古文・漢文）

古文・漢文は外国語と同じと考えてください。つまり英語と同じ勉強方法です。

ステップ1

◆**音読20回。**ただし、英語と異なることが1点。**古典のステップ1の音読作業は、ノートに書いてあること（現代語訳以外）を蛍光ペンや色ボールペンを使って教科書に書き込んでから行うこと。**こうすると、現代文と同様、**テストに出る＝ノートに書いてあること**が印象や記憶に残りやすい。

ステップ2

◆問題集があれば問題集を解く。問題集がなくプリントがあれば、その問題を解く。

問題がなければ、ノートを見て、重要そうな部分を「暗記ペン（赤で塗る）」で消して、自作の穴埋め問題を作り、**3回転繰り返す**。ノートに書いてあることからテストに出るから。

ステップ3

◆**音読を3回とノートの重要部分の確認テスト（ステップ2で暗記ペンで塗った部分）**で覚え直す。

【理科】ーノートまとめができるかどうかが勝負

理科は1分野系と2分野系に大きく分かれます。1分野系は物理・化学、2分野系は生物・地学の分野です。簡単に言えば、1分野系は計算が多く、2分野系は計算が少なく知識型です。基本的に1分野系でも2分野系でもテスト前の勉強方法は変わりませんが、1分野系は計算がある分、問題を解く作業が加わります。

ステップ1

◆**ノートまとめ作業が基本。**学校によってはノートは使わず、プリントで授業を進める場合がある。**ノート型**であれば、**そのノートに書いてあることを、別のノートや紙にただ書き写す作業**をする。ステップ1のこの作業では、覚えるという意識を持たずに行う。ただ書き写す。**プリント型**の場合で、書いてある量が膨大《ぼうだい》な場合は書き写す作業は現実的ではないので、その場合は、**ステップ2の作業から入る。**なお、この「ノートまとめ」という作業は社会も行うので時間がかかるため、土日も使って行うこと。この作業を行うか行わないかで、テストの点数は大きく変わる。

ステップ2

◆ノートまとめで書いた部分（覚える知識部分）を**暗記ペンで塗りつぶし、それを繰り返しテスト**をして書けるようにする。つまり自作の問題集を作り、やる。3回転させて、3回間違えた問題がテストに出る部分。プリント型の場合は、プリントに直接、暗記ペンを入れるか、すでに穴埋めになっている場合で、その空欄《くうらん》に何も書かれていない時は、普通の問題集として使うこと。間違い問題を必ず3回転させることを忘れないように。1回しかやらなければ、テストで点数は取れない。

1分野系で計算問題がある時は、数学同様、このステップ2で問題集を繰り返す作業を行う。

ステップ3

◆翌日のテストのために、最後まで覚えられない用語や問題を再度繰り返し解く。そして短期記憶でもいいので、とにかく覚える。ポイントは、**テスト当日、早めに学校へ行き、テストが始まるギリギリまで覚えられない用語を見ておく**こと。そのような短期記憶で点数が確実に上がる。

【社会】—3分野、それぞれでやり方が異なる

社会は地理、歴史、公民と3つの分野に分かれており、それぞれ勉強方法が異なります。

地理　**プリント・ノートの内容のインプット作業**

地理は教科書を使って勉強することが少なく、基本的に学校の先生の自作のプリントを使う場合が多いようです。そのため、**テストに出るのは、プリント・ノートに書いてあること。なので、プリントに書いてあることを確実に覚えるという作業を行えば点数が取れます。**

ステップ1

◆全体像をつかむため、**ノートに書いてあれば、ノートまとめ**を行う。理科のステップ1と同様、まずは**書き写す作業**をする。プリント型の場合で量が多い時は、書き写す作業はせずに、全体を「読む」こと。これで全体像をつかむ。この段階では、覚えることをせずに、何が書いてあるのかを理解するだけで十分。

ステップ2

◆覚える段階で、**暗記ペンの登場。**理科同様、これを使って、ノートまとめの部分（覚える知識部分）を塗りつぶし、繰り返しテストをする。答えられるまで行う。

初めは口で答えられればOK。漢字で書けるかどうかは、口で答えられるようになってからテストする。なぜならば、書いていると時間がかかるということと、何度も繰り返しテストしている間に、漢字の形も覚えてしまうため、最後に漢字で書けるかどうかのテストをすると、ほとんど答えられるという現象が起こる。

ステップ3

◆翌日のテストのための最終確認をする。この段階では、ステップ2でやった作業で何度も間違えた部分を覚える。**覚えるとはテストして正解を答えられる**という意味。要するに答えられなければ覚えたことにはならない。基本的に、**授業でやったことはすべて出る**と思うこと。**まだ見落としている部分（プリントの端《はし》に書いてある目立たない知識など）**があれば、それも最後に確認して覚える。

歴史　黙読5回がポイント

歴史は試験範囲の全体像をつかむため、本文以外も含めて黙読5回を行うのがポイント。そして、学校のノートを使ってまとめ、インプット作業を行います。

ステップ1

◆全体像をつかむため、教科書の試験範囲の部分、**黙読5回**を行う。ここは現代文と同じ。現代の日本語で書かれているので黙読で大丈夫《だいじょうぶ》。**図や脚注《きゃくちゅう》（教科書の下に書いてある小さな字の部分など）のような本文以外の内容が歴史には結構あるので、それも読む**。なぜならば、**そのような部分からテストに出題されることが多い**ため。この**黙読5回の作業で、その内容を覚えようとしてはいけない**。覚えようとすればするほど覚えられなくなる。ステップ1ではただ黙読すればいい。内容が理解できないところがあっても、とにかく黙読5回はする。この黙読5回の作業は連続して行う必要はない。数日に分けてもいい。しかし、ノートまとめや問題集をやる前に。一番初めのステップは、黙読5回から始めること。

ステップ2

◆学校のノートのまとめに入る。理科と同様、ノート中心で授業を進める先生の場合と、プリント中心に進める先生の場合の2種類に分かれる。**ノート中心の場合は、その学校のノートに書いてあることを、別の自分のノートに書き写す作業を**

する。ノートは歴史の内容を構造的にまとめているので、教科書を読んで、全体の流れをざっくりと捉えた上で、頭の中を構造化（つまりまとめるという意味）する。そのためにノートの書き写し作業を行う。その後、**ノートの重要用語部分を穴埋め問題にするために暗記ペンで塗り、インプット（繰り返しテストをして覚える）作業をする。**まず口で覚えてから書く。

◆プリントを中心に歴史の授業を進める先生の場合は、プリントを使ってテスト勉強をするが、一般的《いっぱんてき》にプリントの場合は膨大な内容が書いてあり、それをすべて書き写すと時間ばかりがかかる。したがって、**プリントの場合は、穴埋めになっているところや重要な語句の部分を暗記ペンで塗り、自分だけの穴埋め問題を作り、インプット（つまり繰り返しテストをして覚える）作業を行うこと。**漢字を含む場合、まず口で覚えてから最後に漢字で書けるかテストをする。プリントを汚《よご》したくない場合は、コピーを取ってその紙に暗記ペンで穴埋め問題を作るとよい。

◆ノートにせよ、プリントにせよ、インプット作業をする時は、**繰り返し、繰り返しテストをして、90％以上答えられるようにすること。**このインプット作業が甘《あま》いと点数は取れない。何しろ頭に入っていないのだから。100%答えられるまでではなく90%以上と言っているのは、100%になるまでやめないとその他の科目の勉強に影響を与えてしまうから、90%でOKとして、残りのどうしてもできない10%部分は、次のステップ3で対応する。つまりテスト前日と当日に短期記憶で覚える。

ステップ3

◆テスト前日のこの段階では、時間があれば、教科書の黙読1回、ノートやプリントの暗記ペンを入れた部分、穴埋め問題のテストを再度行う。時間がそこまで取れない時は、ステップ2でどうしても覚えられない10%部分を紙に書いて覚える。なお、この10%部分は、どうしても頭に入らないもの。**テスト当日はその直前まで見て確認すること。**

公民　ノート・プリント＋時事問題

公民は、政治と経済の内容が中心なので、どうしても時事問題（今、世の中で起こっている政治経済の問題など）も出てきます。したがって、教科書は歴史ほど使わず、プリント中心の学習が多いことでしょう。しかし、地理よりは教科書の勉強をします。

ステップ1

◆**試験範囲の教科書部分を3回黙読。**その時、**教科書に出ている図や解説文、脚注も読むこと。**歴史の黙読回数ほどは必要ない。公民の中心はノート・プリントである。

ステップ2

◆学校のノートのまとめに入る。理科、そして、歴史同様、ノート中心で授業を進める先生の場合と、プリント中心に進める先生の場合の2種類に分かれる。**ノート中心の場合は、その学校のノートに書いてあることを、別の自分のノートに書き写す作業をする。**ノートは公民の内容を構造的にまとめているので、教科書を読んで、全体の流れをざっくりと捉えた上で、頭の中を構造化（つまりまとめるという意味）する。そのためにノートの書き写し作業を行う。その後、**ノートの重要用語部分を穴埋め問題にするために暗記ペンで塗り、インプット（繰り返しテストをして覚える）作業をする。**まず口で覚えてから書く。

◆プリントを中心に公民の授業を進める先生の場合は、プリントを使ってテスト勉強をするが、一般的にプリントの場合は膨大な内容が書いてあり、それをすべて書き写すと時間ばかりがかかる。したがって、**プリントの場合は、穴埋めになっているところや重要な語句の部分を暗記ペンで塗り、自分だけの穴埋め問題を作り、インプット（つまり繰り返しテストをして覚える）作業を行うこと。**漢字を含む時は、まず口で覚えてから最後に漢字で書けるかテストをする。プリントを汚したくない場合は、コピーを取り、その紙に暗記ペンで穴埋め問題を作るといい。

◆ノートにせよ、プリントにせよ、インプット作業をする時は、**何度も繰り返しテストをして、90％以上答えられるようにすること。**このインプット作業が甘い＝覚えていないということなので点数は取れない。100％答えられるまでではなく、90％以上と言っているのは、100％になるまでやめないとその他の科目の勉強に影響を与えてしまうから、90%でOKとして、残りのどうしてもできない10%部分は次のステップ3で対応する。

ステップ3

◆テスト前日のこの段階では、時間があれば、教科書の黙読1回、ノートやプリントの暗記ペンを入れた部分、穴埋め問題のテストを再度行う。時間がそこまで取れない時は、ステップ2でどうしても覚えられない10%部分を紙に書いて覚えること。なお、この10%部分は、どうしても頭に入らないもの。**テスト当日はその直前まで見て確認すること。**

【実技科目全般《じつぎかもくぜんぱん》（音楽、美術、技家、保体）】

主要教科5科目の英数国理社とは異なり、音楽、美術、技家、保体は「実技科目」と言われます。実技科目なので、基本は実技で評価されますが、期末テストでは、主要教科5科目と同様、筆記試験も行われます。そして、この点数も当然のことながら実技の成績に加味されます。

実技科目に限らず、主要教科5科目の場合もそうですが、学校の成績は基本的に「定期テスト結果」「授業態度」「小テストがある場合は小テスト」「提出物の提出状況《じょうきょう》」「出席状況」そして実技科目の場合は「実技の点数」が入ります。要するにふだんからしっかりとやるべきことをやり、試験前には試験勉強を正しくすればいいだけの話で、別に特別なことは言っていません。

しかし、実技は例えば、音楽であれば、楽器のテスト、歌のテスト、家庭科であれば調理や被服《ひふく》、美術であれば絵画などで評価されます。実はこれらに対しては、どのようにしてマスターしていくかという方法はありますが、ここでは期末テストについてのみ記述しておきます。

期末テストの試験範囲が示され、さらに「特に

○○をしっかりとやるように」などと書かれていることが多いので、まずは、試験範囲で示された内容を覚えます。音楽であれば、楽曲の作詞者名や作曲者名、歌詞や音階、何分の何拍子《なんびょうし》であるかなども含めて暗記します。とにかく試験で問われることは用語などですから、用語に関しては暗記ペンを入れて、答えられるように何度もテストして覚えます。しかし、主要教科ほど時間はかかりません。実技系の科目は期末テストだけだと思いますから、試験期間を10日と考えて、試験勉強期間を延ばしますが、それでも実技系の科目にかける時間は主要教科の1／10程度と想定していいでしょう。覚える内容のボリューム自体もそれほど多くはないと思いますので、それを前提にスケジュールにうまく組み込んでください。

chapter 4

『高校受験の戦略』はひとあじ違《ちが》う

第1節

これから高校受験を志す中3生へ

これまで学校の定期テスト対策について書いてきました。でも、この本を手にしている中学生の中には、今、中学3年生で、高校受験をする人もいるよね。そのような人はどのような勉強をしたらいいか、気になっていると思う。高校受験に関しては都道府県によって試験パターンが違い、対策の方法が異なるので、詳細《しょうさい》を書くとしたら、これまた本1冊じゃ足りなくなるので、ここでは公立高校受験を合格するために必要な重大な部分だけを書いておくね。なお、チャレンジして私立高校を受験する場合はさらにその私立高校向けに別の対策が必要だ。

高校受験は、中1からの積み重ねが重要で、中間テスト、期末テストで日頃《ひごろ》からきちんと勉強していると、高校受験は楽になる。だから、**高校合格のための秘訣《ひけつ》は「中間、期末テストで確実に点数を取ること」**と言える。つまり、学校の内申点《ないしんてん》を上げるということが大切なんだ。都道府県によって異なるけれど、学校の内申点は、音楽、美術、技家、保体といった実技科目の方が、配点が高いことが多いので、英数国理社の主要教科のみならず、全体的にバランスよく点数が取れているのがベスト。学校で出された課題は必ず期限内に出すとか、そういう積み重ねも大切だよ。**公立の高校入試は、基本的に中学で学習した内容がベースになっている**ので、定期テストでいい加減にやっていると、後々それを全部、一気に補わないといけなくなり、相当大変になってしまうんだ。だから中1の段階で、ある程度勉強のスタイルを固めておきたい。日常学習から高校受験までがつながっているという意識が重要だ。

でも、中1、中2で十分勉強してこなかった場合でも、現在の能力以上の高校に合格したいという希望があるよね。結構都合のいい話だけれど、それも人生。いろいろあるよね。スイッチが入る時期って人によって違うから。そのような人でも十分合格の可能性はある。可能性があるということは、そのための方法があるっていうことだ。もし、そういう境遇《きょうぐう》にあるとしたら、次のステップに進むように！

決意

初めに、高校合格に向けて、「やる!」という決意が必要。これはチャプター2でも話したとおり「決めたこと」が実現するようになっている。だから、なんとなくやろうと思っている人はまず合格しない。なんとなくならば初めから無駄《むだ》なので勉強はやめた方がよい。それぐらい「合格する!」という決意が大切なんだ。「できれば受かりたい」は絶対に受からないので、「本気でやる!」のかどうかを決めてほしい。これがないと、これ以降の話はすべて無駄になります。

心構え

次に心構えを整える必要がある。その心構えとは「積極的な心構え」。そのためには**言葉に注意する**。否定語（やりたくない、できない、陰口《かげぐち》・悪口など）を話す者に合格はない。本気でやるのであれば、これを機に君自身、丸ごと人間を変えてしまうといい。プラス型の人間に。

目標・計画、修正

◉目標を決める。

目標がなければどこに向かうかわからない。つまり志望校の決定。君が今二番手の学校に行きたいと思っているとしよう。この学校に入るために一生懸命《いっしょうけんめい》勉強をしたとする。ところが高校入試が終わってみると、一番手の学校を目指していておしくも届かなかった子たちが、二番手の学校に合格している。君は二番手の学校を目指していたけどギリギリ届かなかった、なんてことがあるかもしれない。だから、二番手の学校に行きたいとしたら、1個上に目標を設定しておかないといけないんだ。ただし、あまりにも高い目標を設定すると、自分が何をすればいいかわからなくなってしまうから意味がない。**目標の設定は「1ランク上」にして、今の自分の目指すところを通過点にしてしまおう。**

次に、今の自分と目標の間にどれぐらいギャップがあるか事実を知る。偏差値《へんさち》のギャップがどれぐらいあるのかを「知る」。よく、「○○高校へ行きたい!」という生徒がいて、「今の偏差値はどれぐらい？　で、その高校の偏差値は?」って聞くと「よくわからない」とか言う。こういう場合は99%の確率で落ちる（1%ぐらいはまぐれで受かる場合がある）ので、数字を明らかにしておくようにね。

◉そのためには「何をいつやればいいのか」を紙に書き出す（紙に書き出さないと効果なし）。

つまり計画表というものである。定期テスト前の計画表みたいに作っていく。これを作れない生徒が実に多い。本来受験勉強を始める前に、この作り方を知って、実際に作らないといけない。

◉計画は毎週修正する。

計画はその通りには絶対に進まない。しかし計画がなければ方向が確定できない。したがって、**計画は修正することが当たり前**で、修正していきながら最終目的地に到着《とうちゃく》するんだ。

第2節

模《も》擬《ぎ》試《し》験《けん》はなぜ受ける？

高校受験をする際に、模擬試験（模試）を受けるだろうと思う。じゃあ、「模試って何のために受けるか」を考えたことはある？

模試を受ける最大の目的は、実際の試験の時と同じような体験をして、時間配分作業や試験そのものに慣れるというシミュレーションをすること。汎用性《はんようせい》のある知識や考え方がしっかりついたのか確認する意味合いもあるね。中3になるといよいよ本番の入試に向けての1年だから、限られた時間の中で初めて見る問題を解くという練習は積んでおいたほうがいい。模試の問題も入試を意識した作りになっていくから、本当は中3の2学期以降に模試を受けるのが一番いい。

でも塾《じゅく》や学校で早いうちから模試を受けなきゃいけない場合もあるよね。その場合は先生に模試の過去問をもらって準備しよう。模試の過去問を予習した上で受験すれば、それだけで点数が違うよ。

じゃあここで、模試で役に立つ数学と国語のテクニックも紹介《しょうかい》しておこう。

模試のテクニック

数学

数学の模試でよくあるのが、時間が足りなくなってしまうケース。みんなも経験あるんじゃないかな。数学の模試で大切なのは**「解けない問題に時間をかけないこと。」**問題を見て10秒間手が動かない場合は、飛ばして次の問題にいこう。最後まで通して解いたら、飛ばした問題のうち次に解けそうな問題から解いていく。

模試の時間が50分であれば最後の7分は残しておいて、簡単な計算部分の見直しをして、間違いを3つ見つけること。実際の入試では、簡単な問題を解けるか解けないか、見直しでミスを見つけられるかの差が合否の境目になるからだ。必ず3つは間違えているから、そのつもりで見直して。

国語

国語のテクニックは、大きく説明文と物語・小説文の2種類に分けられる。

説明文

国語が苦手な子は文字がたくさん並んでいると「うっ…読みたくない」と思うんじゃないかな。そこでまず、説明文を**読み始める前に、段落番号を振《ふ》る**ようにしよう。段落の境に線を引いて分割してもいい。これで自分が読んでいる段落だけに集中しやすくするわけだ。それでもまだ読みづらいと思う場合は、自分が読んでいる段落以外は手で隠《かく》してしまおう。

次に文章の読み方だ。まず、第一段落は3回読むこと。何の話が書いてあるか全然わからない状態からのスタートでも、繰《く》り返《かえ》し読むことで内容がわかり、第二段落以降も落ち着いて読み進めることができるんだ。

模試や入試で出題される文章は基本的に「1つの段落で言いたいことは1つ」というルールにのっとっている。1つの段落が複数の文章で構成されていても言いたいことは1つ。だからわからない文があっても焦《あせ》る必要はない。

一文一文をしっかりと読んでいると時間が無くなるから、ある程度さらっと読んで、問題になっている傍線部《ぼうせんぶ》や穴あき部分に差しかかったら、読む速度を落とすんだ。2〜3回繰り返して読んだら、そこで設問を解いてしまう。先は読まない。**文章を全部読んでから問題を解くのはダメ**だよ。読んだ内容を忘れてしまっているし、後半の余計な情報も全部頭に入ってくるからね。選択肢問題《せんたくしもんだい》も同じで、設問と選択肢を3回読むと問われていることがわかってくる。それでもわからない時は諦《あきら》めて、テキトーな番号を書いて次にいこう！「だいたい②が答え」と決めておくと、迷う時間を短縮できる。

物語・小説文

物語・小説文の場合はまず背景（場面設定）があって、次にできごとがあり、登場人物の心情変化が起こる。背景は、まっさらな状態から頭にいれていくから、よくわからない部分は3回読んでしっかりと理解しよう。物語の背景が理解できたら、次にどんなできごとが起こって、登場人物の心情がどのように変化したのかを捉《とら》えよう。

登場人物の心情を問う問題に対して、ついつい、「自分だったらどんな気持ちか」で答えを選んでしまいがちだけど、**「世の中の多くの人が選ぶとしたらどれを選ぶか」という視点で考えて**みて。模試で正解するためには一般的《いっぱんてき》にどれが正しいかという考え方が重要なんだ。

最後にマル秘テクニックをもう1つ。選択肢の選び方は、説明文と物語・小説文で共通なんだ。選択肢が4つの場合、「答え」「答えと似たもの」「違う方向性のもの2つ」という構成で作られていることが多い。選択肢を選ぶ時はまず消去法で「違う方向性のもの2つ」を外す。で、ここからが重要。選択肢が2つ残っているでしょ。この**残った2つの選択肢のうち「より答えに『近い』もの」を選ぶ**んだ。もっと詳《くわ》しくいうと「①は2箇所《かしょ》微妙《びみょう》、②は1箇所微妙…だから答えに近いのは②」って選んでいく。こうしないと迷って選べないからね。こうやって解くと正解率がぐっと上がるから試してみて。

第3節

模擬試験はうまく使おう

では模試を受けた後はどうするのか。受けただけで満足してしまっていない？

◉復習をしない

この場合、模試は完全に無駄。模試は「受けること」が目的ではない。できない問題をできるようにして初めて「頭が良くなっていく」ので、復習して正しい答えを習得しないと、模試を受けるだけ時間とお金の無駄になる。

◉返却《へんきゃく》された偏差値ばかりを気にしている

これも無駄。初めから合格率80％ならば勉強はする必要がない。まだその合格率には届いていないから、勉強しているんであって、「何がまだ足りないのか？」を知るために模試を受けている。

◉人と比較《ひかく》をする

これも無駄。人と比較をしてもなんの意味もない。人はまったく関係ない。過去の自分と比べてどうなっているのかを知るだけでいい。

◉点数が悪くて親や先生からしかられて落《お》ち込《こ》む

気にしない。点数が悪くて怒《おこ》られるってことはあまりないと思うけれど、万が一、こういうことがあったら、くれぐれも気にしないように。親や先生は心配してそのように言うかもしれないけれど、自分の問題は自分で解決するべき。人からいちいち言われてからやったことは、ほとんどの場合、うまくいかないんだよね。だから怒られる、しかられる前に、自分で対策を立ててしまうのが合格への一番の近道。そのためにもこの本を利用してみて。

これまで、多くの人がやってしまう模試の間違った使い方を紹介してきた。では模試を受けた後に何をすればいいのか？　模試を受けたら、次の作業を必ずやるように！

◉48時間以内に「直しノート」を作る

間違えた問題だけを集めた直しノートを科目ごとに作り、問題と答えを記録していく。手書きである必要はなく、問題と解答解説をコピーして貼《は》り付《つ》けてもよい。このノートが自分を成長させる「宝」になる。自分の〝間違い特集〟ノート（別名宝ノート）を活用して勉強すれば、効率よく学力が上がるし、今後の模試の点数も必ず上がる。

答えや解説を見てもわからないところには付箋《ふせん》を貼って先生に聞きにいこう。ここまでやれば特に英語と国語の成績はかなり伸《の》びる。自分がどのレベルに達したいかでやるべきことは変わるよ。直しノートを作れば1段階上がり、先生に質問に行ってメモをすれば2段階上がります。

直しノートの作り方

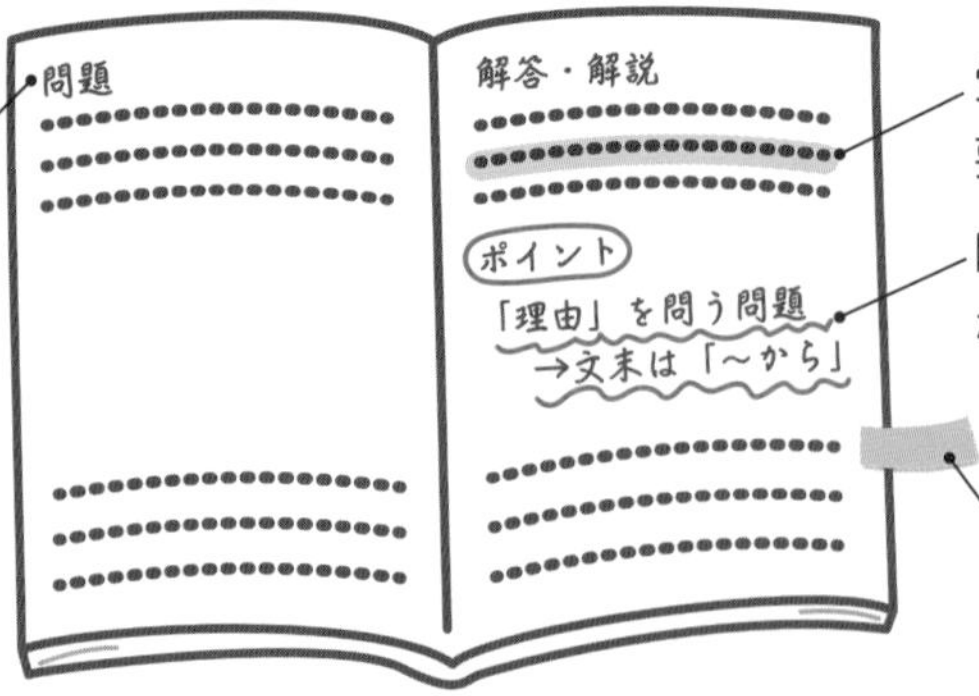

左のページに問題、右のページに解答と解説

蛍光ペンなどで重要な部分を強調

間違えたポイントなど

質問する箇所に付箋

第４節

過去問や入試対策用の問題集はどう使う？

これまで模試について話してきたけど、中３になると過去問や入試対策用の問題集に取り組むこともあるよね。これらはどう使えばいいか。

まず過去問について。過去問は中３の夏頃《ごろ》から「見て」おこう。例えば過去５年分の入試の大問１だけを見比べてみて、問題のパターンや出題傾向《しゅつだいけいこう》をざっくりとつかめたらＯＫ。どういう問題が出ているのかを「知る」イメージ。これは冬の入試本番で解く問題だから、夏の段階で解けなくても焦らなくて大丈夫《だいじょうぶ》。

次に入試対策用の問題集について。問題集はたくさんあるからどれがいいって言えないけど、自分の住んでいる地域に対応した問題集が本屋さんに売っていれば、それがオススメだよ。学校や塾で指定された問題集がある場合はそれを使ってね。

問題集は３回転する前提でスケジュールを組んで進めていこう。計画の立て方がわからなければ学校や塾の先生に相談して、その計画にのっとって進めよう。

模試と同じように、間違った問題は直しノートにまとめておくこと。わからない問題には付箋を貼って、必ず先生に聞きにいってね！

これまで受験への心構えや模試などへの取り組み方を紹介してきました。たとえ今の自分の学力では難しくても、行きたい高校を決めて勉強の計画を立て、行動を始めると、そこから一歩ずつ確実にゴールに近付いていきます。しかし、受験日までのタイムリミットがあるよね。だから、それに間に合わないということもある。だけどね、ここからが大切。仮にゴールに到達《とうたつ》できなくても、**目標に向かってチャレンジした人は、必ずその次のステップで伸《の》びるんだ**。つまり、高校に入ってから伸びるということ。だって高校受験が人生の終着駅じゃないでしょ。高校受験は途《と》中経過《ちゅうけいか》だからね。その先、伸びる人間になった方がいいと思わない？　だからチャレンジっていいことなんだ。でも、高校受験前の願書出願の時（つまり受験前ギリギリ）に、「このままではかなりの確率で落ちるかもしれないから、志望校を変更《へんこう》する」のは「アリ」だよ。それは勇気ある決断だ。それは決して逃《に》げではない。こういう経験っていうのが、その後の人生で生きてくるよ。

chapter 5

新しい学習の形

第1節

最近授業で話し合いって増えてない？

話し合い活動って授業でよく行われるようになってきたよね。最近学校では「主体的・対話的で深い学び」を目指そうという動きがあって、それに伴《ともな》って話し合い活動も増えてきているんだ。じゃあ「主体的・対話的で深い学び」って一体どういうことか。簡単に言うと、「学ぶことに自分から興味や関心をもって、周囲との対話を通じて学びを深めていこう」ということなんだ。だから学校ではふだんからその方針に沿った授業が行われているんだ。

じゃあ話し合い活動に君たちはどういう心構えで参加すればいいだろう？　まずグループで話し合いをする場面では、だいたいいつも同じ子がしゃべっているよね。ファシリテーター（話し合いがスムーズに進むようにサポートする役割）を1人決めて、みんなから均等に話を引き出したいところだけど、だいたいは司会やリーダー、書記といった役割が与《あた》えられるだけ。みんなファシリテーション（話し合いをスムーズに進めるようにサポートするやり方）を教えられていないから、意見を言うのはいつも同じ子になり、話す子と聞く子という形になってしまう。話をする子は満足感もあるけど、聞いているだけの子は置いてけぼりだよね。何か話そうと思っても、なんだか入りづらい雰囲気《ふんいき》があったりするし。

でも実はね、話せない時は聞いているだけでOKなんだ。自分の意見をバンバン言える子、話を聞きながらじっくり考える子、いろんなタイプの人がいるからね。自分が後者なら、**しっかり話を聞いて、自分なりの考えや意見を持っていればいい。**持つだけでいいんだ。無理にしゃべらなくていい。しゃべるタイミングがあったらしゃべる。

じゃあ次のような場合はどうするかな？

●自分はしっかり話し合いに参加しているんだけど、周りがめちゃくちゃな時。

もし自分がファシリテーターで、いろいろと工夫しているけど、みんなが全然参加してくれないような場合。これは先生に相談だ。「自分はこういうふうにやろうと思うんですけど、ちょっとできなくて」と。

自分が参加者としてやっている時に周りがめちゃくちゃだった場合、その場の人間関係にもよるんだけど、この場合はファシリテーターの人に「こうやってみたらどう?」って提案するのも1つの手だよ。例えば「1人何分という形で、話す時間を決めない?」とか。話し合うための枠組《わくぐ》みができれば、話し合いを進めやすくなる。

●ただ、「話し合ってね」という指示だけが出て、何をすればよいかわからず全く進まない時。

これは解決策が2つある。1つは「じゃあちょっと誰《だれ》か司会決めない?」という提案をするケース、もう1つは先生に言いにいくケース。「司会を決めてください。そのほうが話しやすいんで!」と。行きづらいとは思うけど、行けば先生は助けてくれる。今のどうしようもない状況《じょうきょう》のままずっと続けるのか、グループ内で提案したり、先生を頼《たよ》ったりして解決するのか、どっちを選ぶかは自分次第だ。

●話すのが苦手なのにファシリテーションを任されてしまった時。

そんな時は**「全員に意見を言ってもらう」ことだけを意識**しよう。自分は言わなくていい。周りに言ってもらうんだ。それで、全員から意見をもらうためには、時間配分が必要だよね。例えば話し合いの時間が10分しかない場合、5人グループなら1人2分でしょ？ タイムキーパーがいない場合は、公平に進めるために「1人何分で話してね」って最初に言っておく。そうしておけば話を途《と》中《ちゅう》で切ったとしても感じ悪くないしね。ここは重要なポイント。

ファシリテーションを任された時は、自分の意見を言わなくてもいいというのはかなり気が楽だよね。ファシリテーターをやる時は意見を口に出して言わなくていいんだけど、話を聞いて「何かを思う」というのは大事にしよう。自分が参加者、メンバーの時にも、必ず自分なりの考えは持っておく。それで、しゃべれそうだなと思ったらしゃべればいいよ。

話し合い活動の目的というのは対話を通じてみんなの考えを深めていくということだから、答えの追求とは方向性が違う。答えがないので、自分なりの考えを持って、自分で思ったことを言えばいい。まずはそこに慣れていこう。

それから当たり前だけど、意見には答えがないから、他の人の意見を否定するのもおかしなこと。他の人の考え方に「ああ、そうか、そういう考え方もあるんだね」と思った瞬間《しゅんかん》に学べているんだ。自分とは別の意見が出てきて、「あれ、なんか間違《まちが》ってたかな」って不安になるんだけど、そうではなくて、君の意見も1つの意見、他の子の意見も1つの意見、違う意見がたくさん出てきた方が学びは深まるんだ。決して正解・不正解ではないから安心してね。

第2節

新しい形の入試問題が増えてきている

2020年度から中学校の教育課程が新しく変わったことは知っているかな？　君たちの使っている教科書や学校の時間割は、「学習指導要領」というカリキュラムの基準に沿って作られている。学習指導要領では、各教科の目標や扱《あつか》う内容についても大まかに規定している。実はこの新しい教育課程に変わってから、君たちが受ける入試問題もかなり変わってきているんだ。

では入試はどう変わってきているか？　一言で言うと問題が複雑になっている。まず問題の前提となる文章を読み、その文章に引かれている下線から派生した問1の設問文を読み、さらには関連する図や写真からも情報を読み取りながら問題を解いていく。こんなイメージ。しかも複雑な問題が山盛りなのに、入試の時間は50分程度。中3の受験直前で過去問に取り組むと、あまりの複雑さに驚《おどろ》くと思うよ。でも、君たちにはこういう複雑なものを読み解いて理解して判断していくということが求められているんだ。だからそこに対して、どのような心構えでどう取り組んでいったらいいのかを知っておいてほしい。

こういった問題に対応していくために、**君たちに求められている力は大きく2つ。「思考力」と「読解力」。**じゃあこれがどんな力でどう身に付けていけばよいのか、これから説明していくね。

思考力について

この思考力は考える力とも言い換えられる。先生からよく「考えなさい」って言われるよね。じゃあ考えるってどんなことか知っている？　当たり前に使っているけど、答えようとすると結構難しいよね。

「考える」というのは、大きく2つに分けられる。1つが疑問を持つこと、もう1つが共通部分を見抜《みぬ》くこと。

●疑問を持つこと

疑問を持つというのは、つまり「なぜ？」と思うこと。「なぜこれが起こったのかな？」とか「なぜこういう解き方をするのかな？」とか。この「なぜだろう？」と思うこと、これが「考える」って行為《こうい》なんだよ。答えは出なくてもいい。出なくてもいいんだけど、**日常の中で「なぜ？」をいろんなところに入れていく**んだ。そうすると考える力が身に付いて頭が良くなるってわけだ。

●共通部分を見抜くこと

私たちは普通《ふつう》、異なっているものはすぐわかるよね。例えば、形が異なるもの、色が異なるものなど、多くのものの中で1つだけ違《ちが》うものがある場合はすぐに気が付くと思う。だけどね、勉強で大切なのは共通部分を見抜く力なんだ。

例えば数学の計算問題が10問あったとしよう。共通部分がわからない子は、形が違うから全部が違う問題に見えて、全部覚えなきゃいけないと思う。頭がいい子は、問題を見た時に10問に共通する部分が見える。この問題とこの問題は求める値をx

に置《お》き換《か》えて計算する問題だな、とか。だから共通する解き方さえ理解すれば、楽に問題を解くことができる。

チャプター4の125ページでも話したけど、過去問を解く時に各設問を年ごとに横並びにして見てほしいのは、必ず問題に共通しているところがあるからなんだ。問題を作成している人は何らかの意図に沿って問題を作っているから、そのガイドラインを見抜けたら、実際の入試で初めて出会う問題も解けるようになる。

これを見抜けるようになるためには**日頃《ひごろ》から、「なぜだろう?」と疑問を持って、「何か共通点はないかな?」と思う癖《くせ》をつけること。**意識的に、繰《く》り返《かえ》し行うことで、ふだんの勉強においても初めて解く入試においても、共通部分と異なる部分の仕分け作業ができるようになる。こうやって考える力を身に付けることが、複雑化する入試問題に対応する最善の方法なんだ。

パソコンやスマホのOSに置き換えるとわかりやすいかな。考える力がつくというのは頭脳のOSのスペックが上がるということ。君の今の頭脳のOSのスペックが、バージョン3だとしよう。日頃から「考える」ってことをやっていると、このバージョンが4や5に上がり、これまで解けなかった問題が解けるようになる。考える力がつくと、集中力が高まり、知識も頭の中に深く入って印象付くので、関連する内容についても一緒《いっしょ》に覚えられるようになる。こうやって聞くと、考えることがとても意味のあることなんだってわかるでしょ？

反対に、頭脳のOSのスペックが上がらないとフリーズしてしまうんだ。だから、新しい知識とか新しい科目をソフトに例えると、勉強する時に必要なのは、そういったソフトをダウンロードできるだけのOSを準備しておくこと。中1、中2、中3とどんどんアップグレードされていくソフトをいれられるよう、君たちのOSのバージョンを上げておく。そのためには日頃から、考える力をつけておこうということ。やればやるだけ、君の頭脳のスペックは上がるからね。

勉強をしていると応用問題ってものも出てくるよね。応用力がある、応用力がないってよく言うけど、この応用力についても共通部分を見抜く話がわかると、簡単に説明できる。例えば数学で1～5の問題があったとするでしょ。まずはこの1～

5に共通する部分を見抜く。この共通部分の正体が、具体的・抽象的《ちゅうしょうてき》って言う時の「抽象」ってやつなんだよね。それで、1〜5の問題は「具体」にあたる。今度はここに新しく、6という問題を加えたとしよう。ここで、1〜5で見抜いた共通部分を6にも当てはめてみる、このことを応用というんだ。

応用力がない子は、ひとつひとつの問題の数字や形が異なると、すべてがバラバラのものに見えてしまって、抽象のレベルに上げることができないんだ。問題1をやって、2をやって、3をやって…、共通部分を見抜けないまま6に進むから、「解けません」ってなる。

バラバラに見える問題を抽象化するためには「要するに何これ？」とか「何が共通してる？」って問いかけを自分の中でする。すると、共通部分が見えてくるんだ。共通部分が見えてきたら、次は、「じゃあこれをここに当てはめたらどうなる？」って問いかけをする。そうすると、新しい問題も解けるようになっていくわけだ。だから、**応用力がない子がやるべきなのは、共通部分を見つけるための練習。**応用問

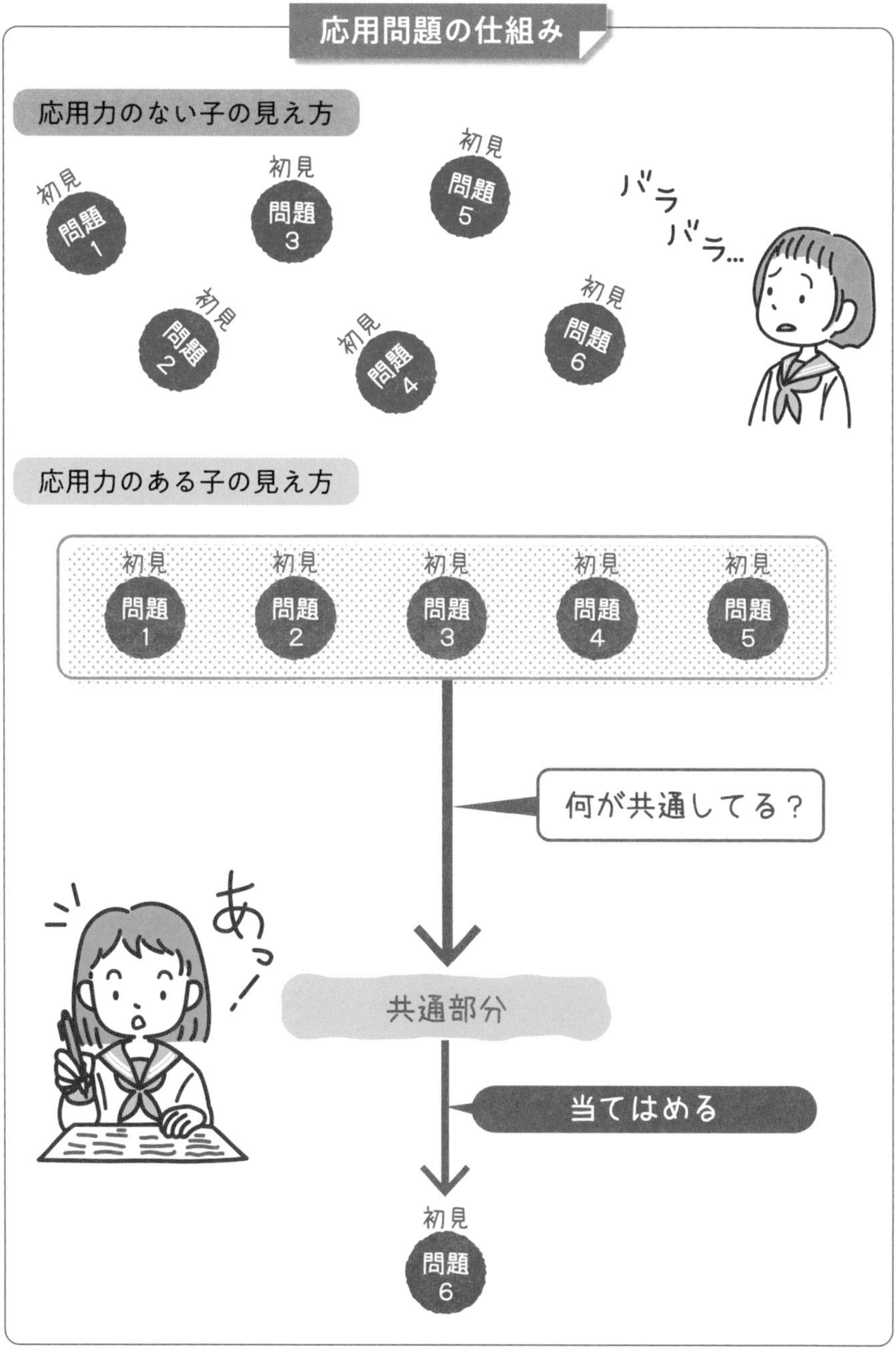
応用問題の仕組み
応用力のない子の見え方
初見 問題 1
初見 問題 3
初見 問題 5
バラバラ…
初見 問題 2
初見 問題 4
初見 問題 6
応用力のある子の見え方
初見 問題 1
初見 問題 2
初見 問題 3
初見 問題 4
初見 問題 5
何が共通してる？
あっ！
共通部分
当てはめる
初見 問題 6

題をたくさん解けば、応用力がつくわけじゃないからね、ここは注意が必要だよ。いろんな勉強を通じてこういう「考え方」を学んでいくと、教科に関する問題だけじゃなく、社会で起きている問題や出来事の構造なんかもだんだんわかるようになってくるよ。

ゲームの話に例えて考えてみよう。ＹｏｕＴｕｂｅなんかでやっている実況動画で、発売初日なのに新作のソフトを上手にプレイする人がいるでしょ。あれはね、いろいろなゲームをやってきた人がそのコツをつかんで、新しいソフトにもそのコツを活用できているからなんだ。コツ（共通部分）をつかむことが抽象化で、新しいソフト（具体）にもそのコツを当てはめている（応用している）ってわけ。

応用問題の次に出てくる発展問題にはさらに難しいのもあるけど、このレベルまでいくともう趣味《しゅみ》の世界だから、挑戦《ちょうせん》してみたい子だけ挑戦してみるといい。応用問題までできていれば十分だから、**発展問題ができなくても気にしなくていいよ。**

読解力について

君たちに求められているもう1つの力は読解力。読解力っていうのは文章を読んでその意味や内容を正しく理解する力のこと。実はこの読解力にも共通部分を見抜く力が関わっている。

チャプター4の119〜120ページでも文章の読み方について話したけど、基本的に入試に出題されるような文章では、1つの段落の中に言いたいことは1つと決まっている。ある1つの方向に向けて全部同じことを言っているわけだ。ところが、活字上は一文一文違うことが書いてある。だから違うことを言っているんじゃないかって思ってしまうんだよね。しかも段落が分けられていても、見かけ上は文章がつながっているから、ウワーっといろんなものが目に入ってきて、それだけで頭の中がパニックになってしまう。

文章読解問題というのは、この文章では何が言いたいのか、どんなことを言いたいのかという共通部分を見抜く問題なんだけど、日頃から共通部分を見抜く練習をしている子は、いろいろな文が出てきていても、「結局、ここで言いたいことはこれだよね」ということが、ストーンと出てくる。そして、その内容を短くまとめ直すことを要約というんだけど、共通部分を見抜くことが苦手な子は、「要約しなさい」って問題が出ると、頭がもう真っ白になってしまう。

例えば環境問題《かんきょうもんだい》に関する説明文で、「海に捨てられたプラスチック製品がクジラのお腹からいっぱい出てきました」というような内容が書いてあったとしよう。こういう具体的な例はわかりやすいし強烈《きょうれつ》だから、頭の中に強く印象として残るよね。だけど環境問題に関する文章の中で言いたいのはそれではなくて、「環境を大切にしなきゃいけないよね」というようなこと。それを言いたいがために、具体的な例を用いて書いているだけなんだ。

だから、こういう具体例に引っ張られずに、「要するにさ、何言ってんの？　この話」っていう聞き方に変えると、君たちの頭は自動的に必要ない情報を文章から削除《さくじょ》して、抽象的な言葉をポンと引き出せるんだ。

最近は、「文章に書かれている内容を三十字で示しなさい」っていうような問題が増えてきている。だけど問題文には、「要約」とか「要するに」って言葉が書かれていないこともあるので、そこでつまずいてしまう。「30文字で示す？　どうやって？」ってね。

そういう時は**「じゃあこの話って結局さ、何が言いたいの？」という一言を自分に投げかけてみてほしい。**一人で勉強しているときは、自分でブツブツ言ってみる。これがすごく重要なテクニックなんだ。

それで、まずはどんなことが書いてある文章なのか、一言で表してみる。タイトルをつけるイメージで、「環境の話」とかね。次に、「じゃあ、もうちょっと説明するとどういうこと？」って考えてみる。すると「環境を守る話」とか、続く言葉が出てくるよね。これを繰《く》り返《かえ》していくと、「環境を守ることを、地球のみんなでやろうって話」っていうように、少しずつ字数が増えていくよね。そうすると問題で求められている字数になっていく。こういう記述式の問題はいきなり書こうとするんじゃなくて、まずは口に出してから答えを作っていくといいよ。

こうやって全体の共通部分を見抜くためには、文章がどういう作りになっているかを知っておくとわかりやすい。144ページに図を入れたから、文章を読む時に参考にしてみて。

こういうことを誰にも教わらず自然とできちゃう子もいるんだけど、そういう子はひとにぎり。だから、私たちはふだんからこういうものの見方をトレーニングしておいて、いざという時に使えるようにしておく必要がある。日常的な行為のひとつひとつが学びにつながって、その延長で複雑な問題も解けるようになっていくんだから、やらない手はないよね。

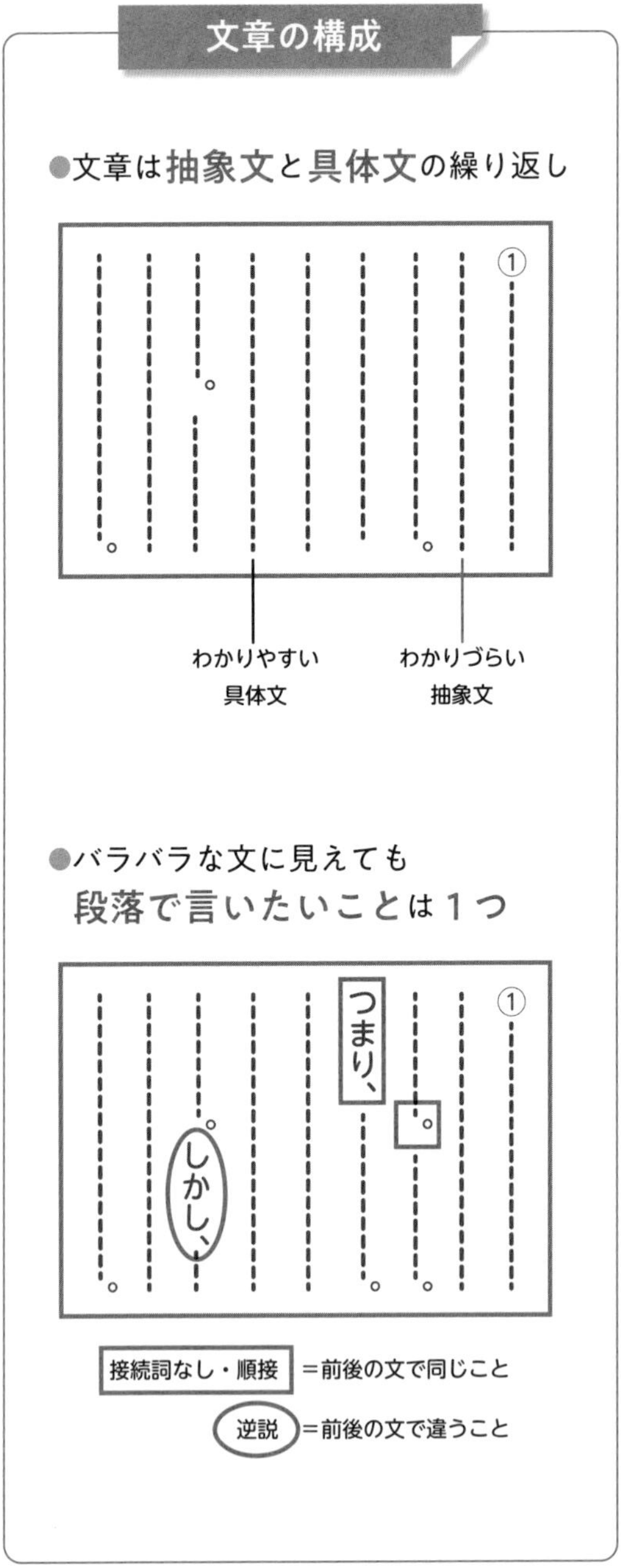
文章の構成
●文章は抽象文と具体文の繰り返し
①
わかりやすい
具体文
わかりづらい
抽象文
●バラバラな文に見えても
段落で言いたいことは１つ
①
つまり、
しかし、
接続詞なし・順接 ＝前後の文で同じこと
逆説 ＝前後の文で違うこと

chapter 6

『石田式・問題集の使い方』

―今すぐ始められる簡単テクで得点アップ！―

このチャプター6では、「問題集の使い方」について説明するね。チャプター5までで『勉強法』の話をしてきたけれど、その内容は「勉強には手順がある」ということが重要なテーマだった。その手順通りやれば、誰《だれ》でも得点できる仕組みになっているということだったね。勉強の中には、「問題集を使う」という部分がたくさんあった。特に学校で使っている問題集だ。何しろテスト問題はそこから出るからね〜。でも問題集を3回転やるようにと言われても、なかなかわからない人、いないかな？　そんなみんなのために、このチャプター6を用意したよ。これを読むと、問題集をどう使えばいいのかが具体的によくわかるようになるので、気になる部分から読んでみてね。

みんな、突然《とつぜん》だけれど、問題集には大きく分けて2つあることを知っているかな？

1つは教科書にぴったり合ったふだんの予習・復習や定期テスト対策にぴったりの「**教科書準拠問題集**《きょうかしょじゅんきょもんだいしゅう》」。例えば、「**啓林館版**《けいりんかんばん》 数学 教科書ぴったりトレーニング」などのように教科書を作っている会社名が書いてあるよ。

もう1つは教科書の内容には関係なく、その学年で学ぶべき事柄《ことがら》や事項《じこう》に合うように作られている「**標準版問題集**」。

本書ではこの後、みんなのふだんの勉強にぴったりと寄《よ》り添《そ》って、強力にサポートしてくれる、まるで親友のような「教科書準拠問題集」について説明します。

必要なのは、「いつも使っている問題集（解答解説も）」「蛍光《けいこう》ペン」「色ボールペン」「問題集を解くためのノート」「普通《ふつう》サイズの付箋《ふせん》」「大きめの付箋」「プリントを入れるクリアファイル」と問題を解くための文房具《ぶんぼうぐ》だけ。解答解説は渡《わた》されないこともあるだろうから、そういう学校は、いつもの問題集だけで大丈夫《だいじょうぶ》。

あとは、問題集を楽しくゲーム感覚で解いちゃおう！っていう「**遊び心**」と、先生や友人、塾《じゅく》の先生などに、わからないところを質問する、ほんの少しの「**勇気**」があればいいかな。みんなそれぞれが抱《かか》えている弱点や問題をクリアして自分をバージョンアップしていこう。

第1節では、平常期に勉強する時の問題集の使い方を説明します。平常期とはテスト前ではない期間ね。つまり1年間の大半の期間のこと。この期間は、「宿題↓数学↓時間あれば英語」の流れだったね。そこで重要になってくるのが、「数学」だった。この数学を日頃《ひごろ》やっておくからテスト前に数学の時間をあまり使わなくてもよかった。で、その数学をどうやるのか。それについて説明するね。ついでの時間があればやってもいい、「英語」の問題集についても説明しておきます。

第2節では、テスト前の勉強期間で使用する問題集について説明します。ここでは「古文」「理科」の2つの問題を例に使い方のコツを話すね。

第3節では、定期テスト、模試、入試問題で使えるテクニックについて話します。問題集の最後の方によくのっている、テスト形式になっている問題があるよね。あのテスト形式を使って説明するね。

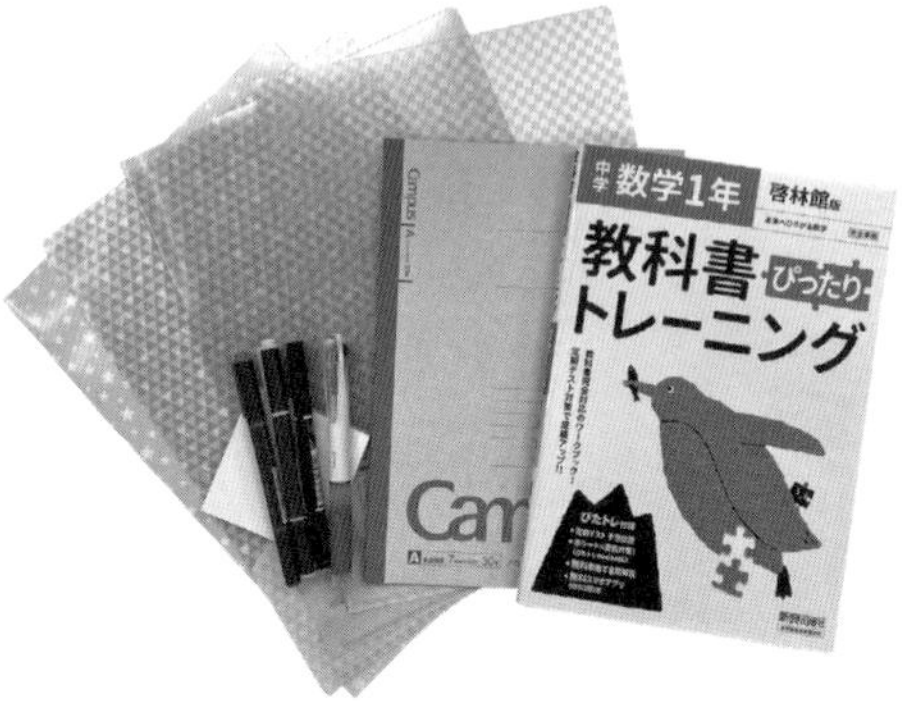

ふだんの勉強に活用したい教科書準拠問題集、ノート、蛍光ペン、色ボールペン、普通サイズの付箋、大きめの付箋、プリントを入れるクリアファイル

初めに問題集の使い方のポイントを書きます。次の4つがポイントだ。この手順通りにやってみて。問題集という問題集は、すべてこのやり方。どの科目でも、高校に入っても、資格試験の勉強でも。この手順をはずすと効果がなくなる。なので、この4つだけをバッチリ押《お》さえておいて。

point 1

問題集には絶対に書《か》き込《こ》まない。

答えは別のノートに書く。1回目はヒントを見ずに。ヒントを見てから解くと、どこが自分の弱点なのかがわからなくなる。

point 2

間違《まちが》えた問題には蛍光ペンで色チェックを付ける。

間違えた問題には、そのたびに蛍光ペンの色を変えて付ける（問題集テク図解ページ❶）。解き方のわからない問題のあるページには付箋に問題の番号を書いて先生に質問する目印として見やすい場所に貼《は》っておく（同ページ❷）。解けるようになったら付箋ははずす。

point 3

問題集を原則3回は繰《く》り返《かえ》す（3回転）。

やればやるほど問題が記憶《きおく》に染《し》み込《こ》み、「間違えたところ」や「自分が苦手としているところ」が具体的に見えてくるので、最低限「3回転」が基本。

point 4

解けなかった問題の解答解説があれば、読んで「わかった！」と理解する。それでもわからなければ、先生や友人、塾の先生などに質問して自分で解けるまで解き直す。

間違えた問題＝テストに出る、つまり、間違えた問題＝宝。先生に質問した問題の解答解説には、大きめの付箋に、先生から聞いた話や解き方のコツをメモして貼っておく。解答解説がない場合は、問題を解いたノートの間違えたところに貼っておく。

（問題集テク図解ページ❸）

問題集テク図解ページ表示の見方

❶→間違えた問題の蛍光ペンチェック

※図解ページでは1回転目：■、2回転目：■、3回転目：■で色分けしている。

【注意】英語のスペリングミス、国語の漢字問題の間違いは、「間違えた問題」としてカウントする。

数学の計算ミスは、理解できていると考えるのでカウントしない。

❷→解き方のわからない問題のあるページの付箋チェック

※付箋に解き方のわからない問題の番号を書き込み、先生に質問する目印として見やすい場所に貼っておく。

【注意】質問することを忘れずに。問題を自分で解けるようになったら、付箋をはずす。

❸→質問メモの付箋チェック

※書き込みのしやすい大きめサイズの付箋を使い、先生から聞いた解き方の考え方やコツをメモする。

上記３点のほかにも、問題集にのっているマークや解説などで、注目してほしいポイントには以下のように分類をしています。

- 問題を解く時の要点や考え方などを示している ………… 覚えたい
- 絶対解けるようになりたい問題を示している ………… 必解
- ２回転目以降の勉強で活用したい、問題を解くコツ …… 活用
- テストによく出る問題の解き方のコツ ……………… 解きコツ

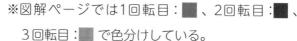

第1節

石田式・平常の勉強法での問題集の使い方

数学　時間がかかるので、平常期間でやっておくとテスト前が超楽《ちょうらく》になる

中学生になると「算数」から「数学」と科目名が変わるように、小学校時代には登場しなかった「負の数」やx、yといった「文字」を使った式、方程式、関数、図形など、次々と、ものすごいスピードで進んでいくね。公式も急に増えてびっくりしたと思う。中学1年生の数学を十分に理解していないと、中学2年、3年、入試問題には手が伸《の》ばせないように、中学1年生の数学こそがすべての基本だと言ってもいいほど。しかも、計算だけなのに、その問題量自体が多く、数学は思った以上に時間がかかる。

なので、「宿題」以外に毎日の勉強で問題集を上手に使い、弱点や苦手なところを発見→解消して、余裕《よゆう》な気持ちでテストに備えたい科目なんだ。

ここでは中学生で初登場の「文字」を使った「文字式の計算」問題を取り上げます。

！　注　目　！

計算式は消さないで！黒か青のボールペンを使ってみよう！

答えが出せても、1度書いた計算式は必ず残しておくこと！また、1度答えを出したら、答え合わせの前に間違えたとわかっても、消さずに大きな×を書いて、答えをまた新しく書き直そう。こうすると時間の無駄《むだ》にもならず、どこで間違えたのかもわかるので、自分の苦手な部分がよくわかるんだよ。

あと、実は数学が伸びる、とっておきのコツがあってね。これが意外と知られていないこと。それは、家でやる平常の数学の勉強の時にシャーペンや鉛筆《えんぴつ》ではなく「黒か青のボールペンを使う」ということ。計算を間違えた時は消しゴムは使わず、×をして、また書き始める。数学はスピードが重要だから、どんどん紙にボールペンで書きなぐっていくんだ。本来これは高校生にしか話さないけれど、中学生も実践《じっせん》すると、面白いことが起こるよ〜。

解きコツ やるべきこと、解き方のコツもおさえる！

定期テスト 予報
●式の項や係数，等式や不等式の意味をしっかり理解しておこう。
÷は×になおし，かっこをふくむ式はかっこをはずして項をまとめることが，計算の基本だよ。関係を表す式では，数量の間の関係に着目して，等式や不等式に表そう。

必解 よく出る ❺ 次の数量の関係を等式に表しなさい。

□(1) x の 7 倍を 4 でわったら，商が y で余りが 3 になる。

□(2) 3 回のテストの得点が，それぞれ a 点，b 点，90 点のとき，その平均点は 80 点である。

❶ □(3) カードを兄は x 枚，弟は y 枚持っている。兄が弟にカードを 3 枚渡すと，兄と弟のカードは同じ枚数になる。

□(4) 定価 x 円の品物を 2 個買うと，7 % 引きになり，代金は y 円になる。

2章
教科書68～81ページ

❻ 次の数量の関係を不等式に表しなさい。

❶ □(1) 18 は，ある数 x の 4 倍と 6 との和の半分未満である。

□(2) a m のひもから b m のひもを 3 本切り取ると，残りは 2 m より短い。

❶ □(3) 1 個 50 円の菓子を a 個と，35 円の菓子をいくつか買ったら合計 15 個になった。それを 100 円の箱に入れると，代金は 1000 円以下になった。

❼ 1 辺に同じ個数の石を並べて，正三角形の形をつくります。1 辺に並べる石を x 個とするとき，次の問いに答えなさい。

❶ □(1) A さんは，右の図のように考えて，全部の石の個数を式に表しました。どんな式になりましたか。

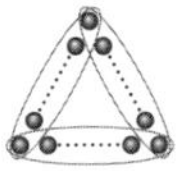

❶ □(2) B さんが求めた式は，$3(x-2)+3$(個)になりました。B さんがどのように考えたのか，右の図を使って説明しなさい。

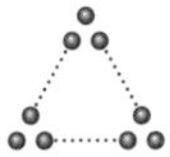

❷ ❼(2)

ヒント ❺ (1)わられる数＝わる数×商＋余り (4)7 % 引きとは，定価の 93 % のことです。
❻ (3) 1 個 50 円の菓子を a 個，1 個 35 円の菓子を $15-a$(個)買ったことになります。

解答▶▶ p.14 55

活用 ヒントは２回転目以降に、必要なら蛍光ペンで塗って、大いに活用しよう！

必解 必ず解けるようにする！

ぴたトレ 2 練習

2章 文字の式

2節 文字式の計算 1～3

よく出る ❶ 次の計算をしなさい。

□(1) $11x-4-16x+13$　　□(2) $8.2x-4.3+(-3.4x-1.8)$

□(3) $\left(\frac{a}{5}+\frac{2}{7}\right)+\left(\frac{a}{5}-\frac{5}{7}\right)$　　❶ □(4) $\left(\frac{2}{3}b-\frac{1}{3}\right)-\left(\frac{3}{4}b-\frac{1}{2}\right)$

❷ 次の2つの式をたしなさい。
また，左の式から右の式をひきなさい。

□(1) $0.4x-1.9$，$0.7x-1.7$　　□(2) $-\frac{1}{2}y+\frac{2}{3}$，$-\frac{2}{5}y-\frac{1}{6}$

❸ 次の計算をしなさい。

□(1) $\left(-\frac{2}{3}x\right)\times 6$　　□(2) $-\frac{3}{2}\times\left(-\frac{1}{3}x\right)$　　□(3) $-18x\times\frac{5}{9}$

□(4) $36a\div(-60)$　　□(5) $-8x\div\frac{4}{3}$　　□(6) $\left(-\frac{9}{4}y\right)\div\left(-\frac{3}{8}\right)$

必解

よく出る ❹ 次の計算をしなさい。

□(1) $-\frac{5}{6}(3x-4)$　　□(2) (8a [illegible] $\left(\ \frac{1}{2}\right)$

□(3) $3(x-1)-8\times\frac{x+3}{2}$　　❶ □(4) $\frac{2}{3}(-6x+9)-\frac{3}{4}(-8x-20)$

ヒントや覚えておきたいポイントには自分でわかるように蛍光ペンで塗るなど、印を付ける。

ヒント ❷ それぞれの式にかっこをつけて計算するとよいです。特に，ひくときには符号に注意しよう。
❹ 分配法則を利用して計算する問題がほとんどです。$m(a+b)=ma+mb$

54

(「教科書ぴったりトレーニング」啓林館版 数学1年 54～55ページ)
※数字❶❷やマークについては151ページ参照。

注意すべき解き方にも蛍光ペンで塗る！

問題集テク図解　解答解説

覚えたい　覚えておきたいポイントは蛍光ペンで囲む！

ここは次の学習項目の解答解説

解き方

(1)3つの辺に並んだ石の数の和を求めたあと，2度数えているかどの石の数をひきます。

(2)かどの石を除いた1辺の数は，$x-2$(個)

辺が3つあるから，$3(x-2)$(個)

これに，除いたかどの石の数3個をたすと，

$3(x-2)+3$(個)

理解のコツ

・一次式の計算では，同じ文字の項どうし，数の項どうしを，それぞれまとめます。

・関係を表す式では，数量の間の関係に着目し，等式なのか不等式なのかを考えることがたいせつです。

・不等式では，「～より大きい(小さい)」や，以上，以下などの表し方に注意が必要です。

p.56～57　ぴたトレ3

❶ (1)$-2ab$　(2)$-xy^2$　(3)$\frac{y}{a-b}$　(4)$-\frac{5(x-y)}{4}$

解き方

(4)$(x-y)\div(-4)\times5$

$=(x-y)\times\left(-\frac{1}{4}\right)\times5=-\frac{5(x-y)}{4}$

分数の表し方はほかにも考えられます。

❷ (1)$4a+3$(本)　(2)$\frac{b}{a+b}$　(3)$\frac{3a}{b}$(時間)

解き方

(2)女子の割合$=\frac{\text{女子の人数}}{\text{クラス全員の人数}}$

(3)時速a kmで3時間進むと，$a\times3$(km)進みます。

道のり÷速さから時間を求めます。

❸ (1)歩いた道のり　(2)残りの道のり

解き方

(2)$5b$は歩いた道のりで，それを全部の道のりからひいているので，$a-5b$(m)は残りの道のりを表しています。

❹ (1)-3　(2)7　(3)-13

解き方

(1)$18\times\left(-\frac{1}{3}\right)^2-5=18\times\frac{1}{9}-5=-3$

(2)$3-\left(-\frac{8}{2}\right)=3+4=7$

(3)$-15\times\frac{6}{5}-7\div\left(-\frac{7}{5}\right)=-18-7\times\left(-\frac{5}{7}\right)$

$=-18+5=-13$

❺ (1)$2x+2$　(2)$11a-15$　(3)$-\frac{1}{2}x$

(4)$-\frac{4}{5}y$　(5)$-5a+4$　(6)$-2x+54$

(7)$-20y+18$　(8)$1.3x-0.4$

解き方

(1)$4x-1+(-2x+3)=4x-1-2x+3$

$=2x+2$

(2)$5a-8-(7-6a)=5a-8-7+6a=11a-15$

(3)$4x\times\left(-\frac{1}{8}\right)=4\times\left(-\frac{1}{8}\right)\times x=-\frac{1}{2}x$

(4)$-\frac{3}{5}y\div\frac{3}{4}=-\frac{3}{5}y\times\frac{4}{3}=-\frac{4}{5}y$

(5)$(20a-16)\div(-4)=-\frac{20a}{4}+\frac{16}{4}$

$=-5a+4$

(6)$6(x+5)-8(x-3)=6x+30-8x+24$

$=-2x+54$

(7)$-12\left(\frac{5}{3}y-\frac{3}{2}\right)$

$=-12\times\frac{5}{3}y+(-12)\times\left(-\frac{3}{2}\right)$

$=-20y+18$

(8)$0.7(3x-8)-4(0.2x-1.3)$

$=2.1x-5.6-0.8x+5.2=1.3x-0.4$

❻ 和　$-6x+2$，差　$4x+10$

解き方

和　$(-x+6)+(-5x-4)$

$=-x+6-5x-4=-6x+2$

差　$(-x+6)-(-5x-4)$

$=-x+6+5x+4=4x+10$

❼ (1)$a=3n-2$　(2)$xy>40$　(3)$7-\frac{3}{4}x=y$

解き方

(1)n人に3個ずつ配るには，$3n$個いりますが，a個では2個たりない，すなわち2個少ないことを表します。

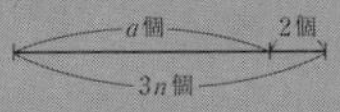

(2)毎分y Lずつx分間水を入れると，はいる水の量はxy Lです。

水があふれていたことから，このxy Lが40 Lより多いことを表します。

(3)45分は$\frac{3}{4}$時間だから，時速x kmで45分間進むと，その道のりは$x\times\frac{3}{4}$(km)です。

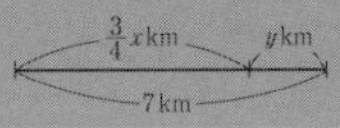

数学　15

❸ 先生などから聞いた話のメモには、日付や時間帯、先生の名前なども加えておくとよい。

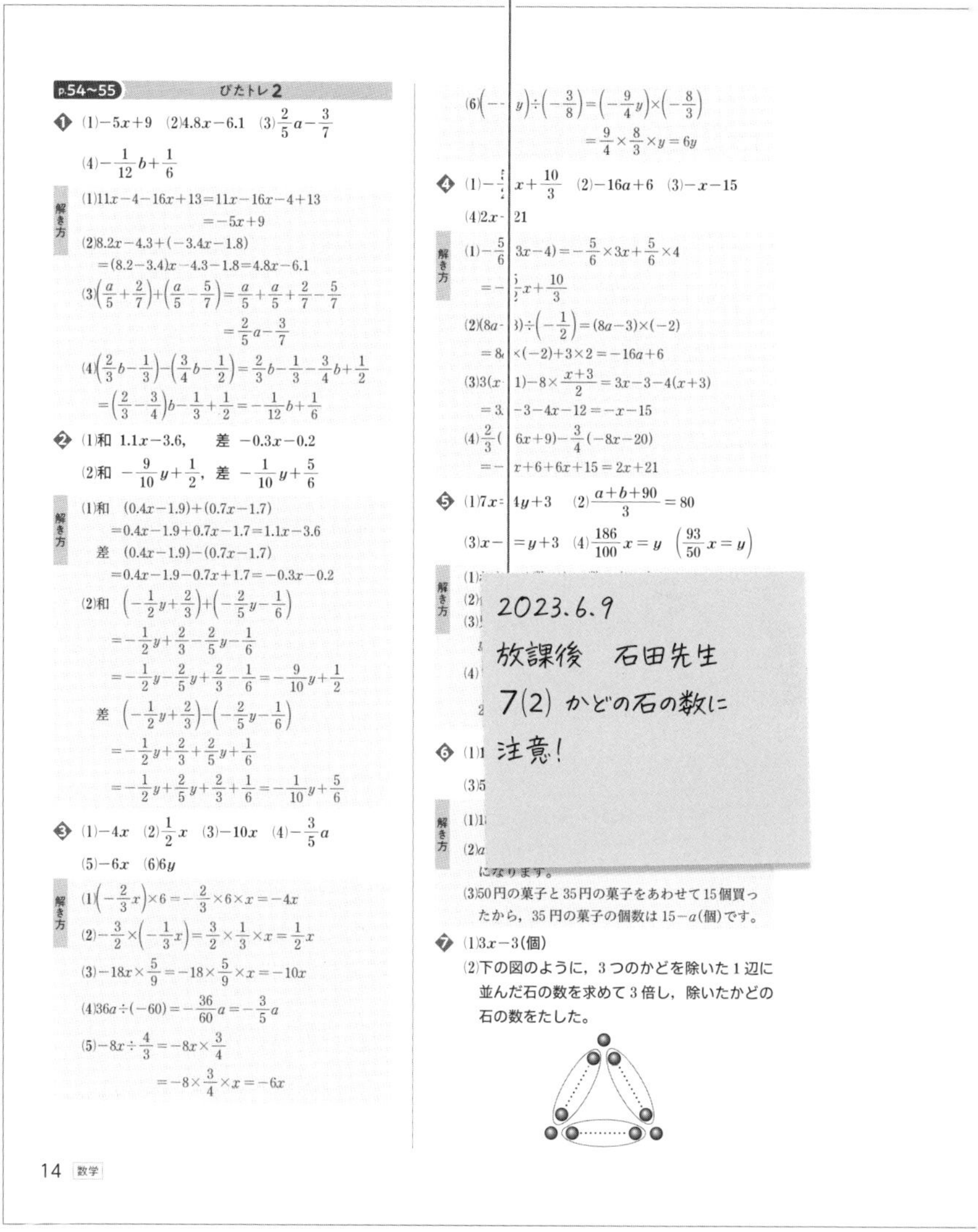

p.54〜55 ぴたトレ2

❶ (1)$-5x+9$ (2)$4.8x-6.1$ (3)$\frac{2}{5}a-\frac{3}{7}$

(4)$-\frac{1}{12}b+\frac{1}{6}$

解き方
(1)$11x-4-16x+13=11x-16x-4+13$
$=-5x+9$
(2)$8.2x-4.3+(-3.4x-1.8)$
$=(8.2-3.4)x-4.3-1.8=4.8x-6.1$
(3)$\left(\frac{a}{5}+\frac{2}{7}\right)+\left(\frac{a}{5}-\frac{5}{7}\right)=\frac{a}{5}+\frac{a}{5}+\frac{2}{7}-\frac{5}{7}$
$=\frac{2}{5}a-\frac{3}{7}$
(4)$\left(\frac{2}{3}b-\frac{1}{3}\right)-\left(\frac{3}{4}b-\frac{1}{2}\right)=\frac{2}{3}b-\frac{1}{3}-\frac{3}{4}b+\frac{1}{2}$
$=\left(\frac{2}{3}-\frac{3}{4}\right)b-\frac{1}{3}+\frac{1}{2}=-\frac{1}{12}b+\frac{1}{6}$

❷ (1)和 $1.1x-3.6$, 差 $-0.3x-0.2$

(2)和 $-\frac{9}{10}y+\frac{1}{2}$, 差 $-\frac{1}{10}y+\frac{5}{6}$

解き方
(1)和 $(0.4x-1.9)+(0.7x-1.7)$
$=0.4x-1.9+0.7x-1.7=1.1x-3.6$
差 $(0.4x-1.9)-(0.7x-1.7)$
$=0.4x-1.9-0.7x+1.7=-0.3x-0.2$
(2)和 $\left(-\frac{1}{2}y+\frac{2}{3}\right)+\left(-\frac{2}{5}y-\frac{1}{6}\right)$
$=-\frac{1}{2}y+\frac{2}{3}-\frac{2}{5}y-\frac{1}{6}$
$=-\frac{1}{2}y-\frac{2}{5}y+\frac{2}{3}-\frac{1}{6}=-\frac{9}{10}y+\frac{1}{2}$
差 $\left(-\frac{1}{2}y+\frac{2}{3}\right)-\left(-\frac{2}{5}y-\frac{1}{6}\right)$
$=-\frac{1}{2}y+\frac{2}{3}+\frac{2}{5}y+\frac{1}{6}$
$=-\frac{1}{2}y+\frac{2}{5}y+\frac{2}{3}+\frac{1}{6}=-\frac{1}{10}y+\frac{5}{6}$

❸ (1)$-4x$ (2)$\frac{1}{2}x$ (3)$-10x$ (4)$-\frac{3}{5}a$

(5)$-6x$ (6)$6y$

解き方
(1)$\left(-\frac{2}{3}x\right)\times 6=-\frac{2}{3}\times 6\times x=-4x$
(2)$-\frac{3}{2}\times\left(-\frac{1}{3}x\right)=\frac{3}{2}\times\frac{1}{3}\times x=\frac{1}{2}x$
(3)$-18x\times\frac{5}{9}=-18\times\frac{5}{9}\times x=-10x$
(4)$36a\div(-60)=-\frac{36}{60}a=-\frac{3}{5}a$
(5)$-8x\div\frac{4}{3}=-8x\times\frac{3}{4}$
$=-8\times\frac{3}{4}\times x=-6x$
(6)$\left(-\ \ y\right)\div\left(-\frac{3}{8}\right)=\left(-\frac{9}{4}y\right)\times\left(-\frac{8}{3}\right)$
$=\frac{9}{4}\times\frac{8}{3}\times y=6y$

❹ (1)$-\frac{5}{\ }x+\frac{10}{3}$ (2)$-16a+6$ (3)$-x-15$

(4)$2x$ 21

解き方
(1)$-\frac{5}{6}$ $3x-4)=-\frac{5}{6}\times 3x+\frac{5}{6}\times 4$
$=-$ $x+\frac{10}{3}$
(2)$(8a$ $)\div\left(-\frac{1}{2}\right)=(8a-3)\times(-2)$
$=8$ $\times(-2)+3\times 2=-16a+6$
(3)$3(x$ $1)-8\times\frac{x+3}{2}=3x-3-4(x+3)$
$=3$ $-3-4x-12=-x-15$
(4)$\frac{2}{3}($ $6x+9)-\frac{3}{4}(-8x-20)$
$=-$ $x+6+6x+15=2x+21$

❺ (1)$7x=$ $4y+3$ (2)$\frac{a+b+90}{3}=80$

(3)$x-$ $=y+3$ (4)$\frac{186}{100}x=y$ $\left(\frac{93}{50}x=y\right)$

解き方
(1)
(2)
(3)
(4)

❻ (1)
(3)5

解き方
(1)1
(2)a
になります。
(3)50円の菓子と35円の菓子をあわせて15個買ったから，35円の菓子の個数は$15-a$(個)です。

❼ (1)$3x-3$(個)
(2)下の図のように，3つのかどを除いた1辺に並んだ石の数を求めて3倍し，除いたかどの石の数をたした。

14 数学

(「教科書ぴったりトレーニング」啓林館版 数学1年 解答解説 14〜15ページ)
※数字❸やマークについては151ページ参照。

英語

数学の次に余力があればやっておきたい！

数学の次に、平常期間に余力があれば勉強したいのが英語です。2018年4月から小学校でも英語の勉強が本格的に始まったので、すでに小学校で習ったり、習いごとで英会話として教わったりして、英語を学ぶのが苦ではない、楽しいと思う人も多いかもしれません。

だからこそ、英語を得点源にする人が多いのも事実。なので新出の単語や語彙《ごい》＝言葉の意味などを問われる穴埋《あなう》め問題、教科書の内容に関する問題、教科書の範囲《はんい》内《ない》の文法問題など、記憶力に頼《たよ》る問題は正確に答えて、大きな得点源にして、上位5％に絶対に加わりたいよね。

日頃、英語をやっておくならば、すでに学校の授業で終わったレッスンの音読だ。この音読は通常は、テスト前の勉強期間でやるけれど、英語が上達するヒミツは「音読」なので、これをやっておくと得こそあれ損はない。さらに時間があれば英語の問題集だけど、そこまではおそらく時間的に難しいだろうね。そこで、もしやるならば、次のような短い時間でできる方法。移動中や塾の休み時間といったスキマ時間だけではなく、勉強したくない、ちょっとやる気が出ない時などにもオススメしたいのが、問題集の付録の新出単語集や語句集の活用。短時間でサクッと復習ができるので、眠《ねむ》らせておいてはもったいない！　暗記ペンやシートとともに常に持ち歩いてもいいし、コピーして自分の視界に入るところに貼っておくのもいい。お好みのスタイルでじゃんじゃん使いたおそう。

！ 注 目 ！

単語のスペリングミスは教科書音読20回で防ぐ！

単純なスペリングミスで大事な点数を落としたくはないよね？　そのために大切なのが、視覚で見て、音ではっきりと発音する音読。覚えようとせず、耳と口を使って、歌を歌うように音読するだけで、不思議にも単語がスペリングとしても音としても記憶に定着します。音読20回！　まずは挑戦《ちょうせん》してみてね。

第2節

石田式・テスト前の勉強法における問題集の使い方

古文・漢文　外国語と考えて、英語式で！

チャプター3でも話したけれど、古文や漢文は外国語と考えて、英語式で学ぶのが一番！　古語には、現代の日本語にない言葉や意味の異なる言葉がたくさんあるね。例えば、「ゆかし」は、「知りたい」「見たい」という意味の古語で、現代の日本語ではあまり聞く機会がないよね。「やうやう」（「だんだん」という意味）もだね。漢文も同じで、異なる言語と考えてゲームをやるように学ぶと、「へぇー、この言葉って面白い！」と、勉強もしやすくなるはず。

「ちょっと、とっつきにくいし、難しいし！」と投げ出す前に、教科書の要点を押さえた、やさしめの基《き》礎《そ》問《もん》題《だい》から解き始めるといい。そうすると、「結構、楽しいかも。解けるじゃん」と、嫌《きら》いにならずに、気づいた時には、古語の意味や漢文の読み方などを覚えちゃった、みたいなこともあるはず。

それでも、苦手意識が取れないのならば、問題集の付録に助けてもらおう。移動中やスキマ時間、やる気がまったく出ない時に、開くだけ開いてみる。声を出していい状況《じょうきょう》や環境《かんきょう》ならば、穴埋め問題をしながら、すかさず音読！　無理に覚えようとせず、とにかく声に出してみると、口と耳を使っているので、不思議とスムーズに覚えられる。

苦手だと知ること自体が宝。自分の弱点を克服《こくふく》すれば、必ず得点源になるからね。

！注目！

古語や活用形は付録をフル活用！

古語や活用形を頭に入れるのに使いたいのが、問題集の付録。古語の意味や、よく入試に出る古語の活用形などが扱《あつか》われています。肌身離《はだみはな》さず、ぼろぼろになるまで使いこなしている生徒さんをたまに見かけますが、徹底的《てっていてき》に暗記すれば、後から実力となるのが古文や漢文なのです。

ヒントや覚えておきたいポイントや内容には、記憶に残るように蛍光ペンで塗る。

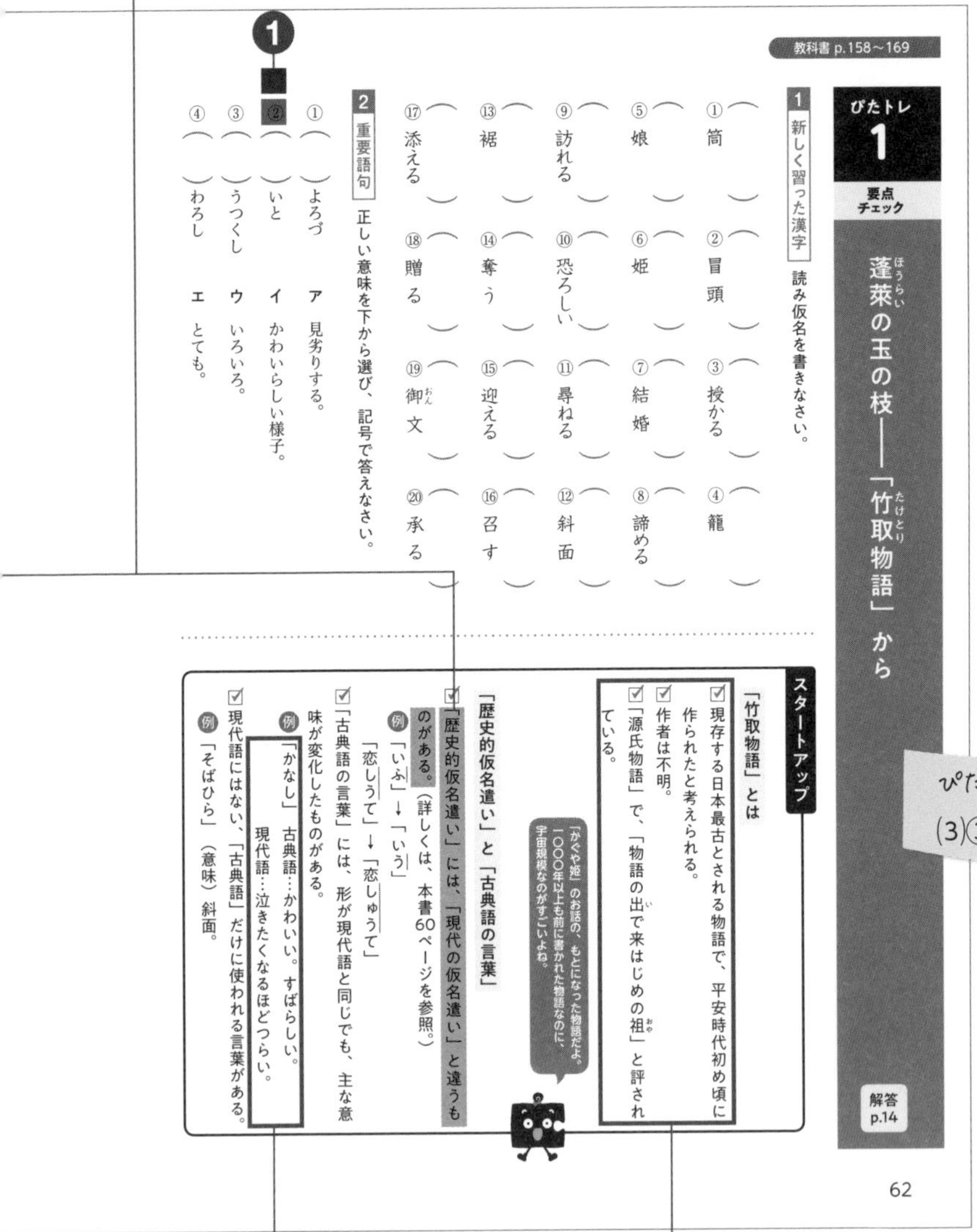

ぴたトレ 1 要点チェック

蓬莱《ほうらい》の玉の枝――「竹取《たけとり》物語」から

教科書 p.158～169

解答 p.14

1 新しく習った漢字　読み仮名を書きなさい。

①筒（　）②冒頭（　）③授かる（　）④籠（　）

⑤娘（　）⑥姫（　）⑦結婚（　）⑧諦める（　）

⑨訪れる（　）⑩恐ろしい（　）⑪尋ねる（　）⑫斜面（　）

⑬裾（　）⑭奪う（　）⑮迎える（　）⑯召す（　）

⑰添える（　）⑱贈る（　）⑲御《おん》文（　）⑳承る（　）

2 重要語句　正しい意味を下から選び、記号で答えなさい。

①（　）よろづ　ア 見劣りする。

②（　）いと　イ かわいらしい様子。

③（　）うつくし　ウ いろいろ。

④（　）わろし　エ とても。

スタートアップ

「竹取物語」とは

☑現存する日本最古とされる物語で、平安時代初め頃に作られたと考えられる。

☑作者は不明。

☑「源氏物語」で、「物語の出《い》で来はじめの祖《おや》」と評されている。

「かぐや姫」のお話の、もとになった物語だよ。一〇〇〇年以上も前に書かれた物語なのに、宇宙規模なのがすごいよね。

「歴史的仮名遣い」と「古典語の言葉」

☑「歴史的仮名遣い」には、「現代の仮名遣い」と違うものがある。（詳しくは、本書60ページを参照。）

例「いふ」→「いう」

「恋しうて」→「恋しゅうて」

☑「古典語の言葉」には、形が現代語と同じでも、主な意味が変化したものがある。

例「かなし」　古典語…かわいい。すばらしい。

現代語…泣きたくなるほどつらい。

☑現代語にはない、「古典語」だけに使われる言葉がある。

例「そばひら」（意味）斜面。

62

1

2

ぴたトレ2

(3)③

覚えたい

古語ならではの意味は必ず確認

覚えたい

ぴたトレ **2**

練習

蓬莱の玉の枝――「竹取物語」から

タイムトライアル 10分

解答 p.14

1 読解問題 文章を読んで、問いに答えなさい。

教科書158ページ

今は昔、①竹取の翁《おきな》といふ《（ウ）》ものありけり。野山にまじりて竹を取りつつ、ⓐよろづのことに使ひ《（イ）》けり。名をば、さぬきのみやつことなむ《（ン）》ⓑいひける。

その竹の中に、もと光る竹なむ《（ン）》一筋ありける。②あやしがりて、寄りて見るに、筒の中光りたり。それを見れば、三寸ばかりなる人、③いとうつくしう《（シュウ）》てゐ《（イ）》たり。

現代語訳

今ではもう昔のことだが、竹取の翁とよばれる人がいた。野や山に分け入って竹を取っては、いろいろな物を作るのに使っていた。名前を、さぬきのみやつこといった。

（ある日のこと、）その竹林の中に、根元の光る竹が一本あった。不思議に思って、近寄って見ると、筒の中が光っている。それを見ると、（背丈）三寸ほどの人が、まことにかわいらしい様子で座っていた。

「蓬莱の玉の枝――『竹取物語』から」より

(1) ――線ⓐ「よろづ」、ⓑ「いひける」の現代の仮名遣いを答えなさい。

ⓐ（　　　）ⓑ（　　　）

ヒント 「づ」、ハ行の音に着目しよう。

(2) ――線①「竹取の翁」について、答えなさい。

① 「竹取の翁」の名前を古文から抜き出しなさい。

（　　　）

ヒント 古文に「名をば」とある。これは「名前を」の意味だよ。

② 「竹取の翁」は、どんなことをして暮らしていましたか。それが書かれた一文を古文から探し、初めの三字を抜き出しなさい。

□□□

ヒント どうして「竹取の翁」とよばれていたのか考えよう。

(3) ――線②「あやしがりて」、③「うつくしうて」は、それぞれどんな意味ですか。現代語訳から抜き出しなさい。

②（　　　）③（　　　）

ヒント 古文の「て」に当たる部分まで、落とさず抜き出そう。

63

（「教科書ぴったりトレーニング」光村図書版 国語1年 62〜63ページ 解答解説は略）

※数字❶❷やマークについては151ページ参照。

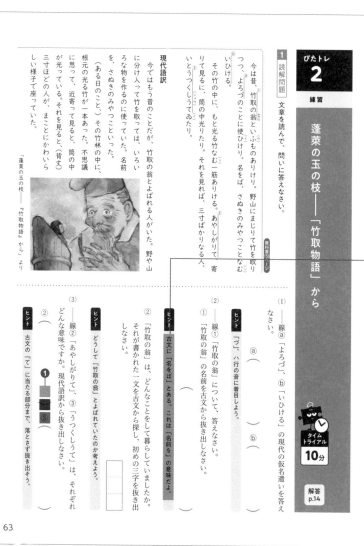

国語　現代文は黙読《もくどく》で！　語彙や漢字、そして記述問題は問題集で仕上げる！

国語、特に現代文の読解問題は「問題文中に答えが隠《かく》されている」ことがほとんどだから、問題文になるはずの教科書の文章をテスト勉強期間中に「黙読」することこそが、正解を導くには大切。ノートの内容を書き込んだ教科書の黙読を終えて問題集を解いているだろうから、読解問題は、さほど難しくはないんじゃないかな。

では、どうしたら、確実に点数を取れるのか。使う言葉、語彙、または漢字を間違えずに、正確に書くということが大切。計算ミスと同じように、「できたはず」という単純なミスをなくすために、仕上げの作業として問題集に取り組んでみよう。

あと、気になるのは、記述問題だよね。「文章中から抜《ぬ》き出《だ》しなさい」「下線部は何について述べているのか」とか「下線部の僕《ぼく》の気持ちを四十字以内で答えなさい」のように、時には文字数が指定されていることもある。チャプター5や7で記述問題について軽く触《ふ》れてはいるけれど、これも、問題文となる教科書の文章と文章、言葉と言葉をうまく組み合わせればいい。慣れないうちは、時間がかかるかもしれない。そして、教科書準拠問題集の直前あるいは要点チェックの問題は、答えを選ぶ問題が多いけれど、テストに出そうな問題ばかりなので、まずはこういう問題で準備しておこう。基本3回転、そして、間違えた問題は繰り返すことで、記述問題に対して抵抗《ていこう》がなくなってくるはず。解答解説の正解例を読んでもいいし、先生や塾の先生などに答えを添削《てんさく》してもらう手もある。先生や塾の先生などを大いに頼って、自分なりの正解を作っておこう。

！注目！

漢字や語彙の問題も付録を活用して！

漢字や語彙の確認作業こそ、移動中や塾の休憩時間《きゅうけいじかん》などのスキマ時間、やる気がいまいち乗らない時にやりたいこと。机に向かってやるのももちろんアリだけれど、「あ、昨日のバスの中で出てきたな」とか「昨日の塾の休憩時間にチェックしたな」とか、そういう勉強した記憶の周りをひっくるめて、頭に残るから、意識せずに覚えやすいし、短時間でできるのがいいところ。余った時間は他の科目の勉強に分けられるから、ぜひやってみて。

理科

まずは簡単な問題から取り組み、繰り返し、自信を付ける！

現在、理科の内容には、物理・化学と生物・地学があると思います。好き嫌いがあるかもしれないけど、どちらにしても、テストに出る範囲を十分に理解して、テストの際、問題に正解を示すことに変わりはありません。

では、どうすれば、そういうネガティブな意識をなくせるのか。

何度も出てきている、クリアしていく「ゲーム感覚」と「おっ、意外と面白いじゃん」っていう好奇心《こうきしん》こそが、ポジティブな意識に変えていく原動力だと思う。

それには、スモールステップ、小さな目標を達成する体験で勉強を積み重ね、繰り返していくことが大切。少しずつ「意外と面白いじゃん」を増やしていくと、「苦手な」「わからない」理科が、いつの間にか、得意分野になるかもしれない。

「テスト期間前、期間中にそんな意識、持てるはずないじゃん」って思うかもしれないけれど、そこは、焦《あせ》らないで、時間をたっぷり作ってほしい。テスト期間前、期間中に10日間しっかりと取り、数学、英語などの時間を短縮できる分の時間を理科にあててみて。少しずつ、簡単な問題から解き始めてそれを繰り返す。さっきも言ったけれど、苦手意識自体が宝だからね。理科も「何が苦手」なのかをつきとめて、徹底的に問題を解き直すと、得点源になるんだよ。

！注目！

問題集のマークを上手に活用！

問題集は「点up」「よく出る」「記述」「計算」などのマーク付きなことが多い。この問題集では「点up」は「テストの点数アップにつながる問題」という意味。その他のマークは言葉の通り。マークにも注目して問題を解くと実際のテストで類似問題が出た時に落ち着いて解ける。「記述なので前もって文章を作っておく」「計算なので計算ミスしないように」と問題を解き終え、ミスがないか確認する際にも役立つ。

❷ ①(3)

❸ A～Eの5つのものを金属と金属以外に分類する。 32点

A アルミニウムのはさみ　B ガラスのびん　C 鉄のくぎ
D プラスチックのコップ　E 銅のスプーン

□(1) はさみやコップなどのように，使う目的や形などでものを区別するときの名称《めいしょう》を何というか。

❶ □(2) アルミニウムやガラスなどのように，はさみやコップなどをつくる材料でものを区別するときの名称を何というか。

□(3) A～Eについて，電気を通すかどうか，磁石《じしゃく》につくかどうかを調べた。
① 電気を通すものをすべて選びなさい。思
② 磁石につくものをすべて選びなさい。思

❶ □(4) 金属共通の性質として誤っているものを，㋐～㋕からすべて選びなさい。
㋐ 熱をよく伝える。
㋑ 水によくとける。
㋒ みがくと特有の光沢《こうたく》が出る。
㋓ 磁石につく。
㋔ たたいて広げたり，引きのばしたりすることができる。
㋕ 電気をよく通す。

□(5) 金属以外のものを何というか。

❶ □(6) A～Eのうち，金属であるものをすべて選びなさい。思

❷ ③(2)　③(4)　③(6)

物質　身のまわりの物質　教科書140～153ページ

❶	(1) ① 4点	(1) ② 6点		
❶	(2) 4点	(3) 6点		
❶	(4) 4点	(5) 4点	(6) 5点	
❷	(1) ① 4点	(1) ② 4点	(2) 4点	(3) 4点
❷	(4) 5点	(5) 4点	(6) 4点	
❷	(7) 6点			
❸	(1) 4点	(2) 4点		
❸	(3) ① 5点	(3) ② 5点		
❸	(4) 5点	(5) 4点	(6) 5点	

定期テスト 予報
物質の体積と質量から，密度を求める計算がよく出ます。
密度を求める式を確認し，計算に慣れておきましょう。

65

解きコツ

頻出問題《ひんしゅつもんだい》なので必ず確認！

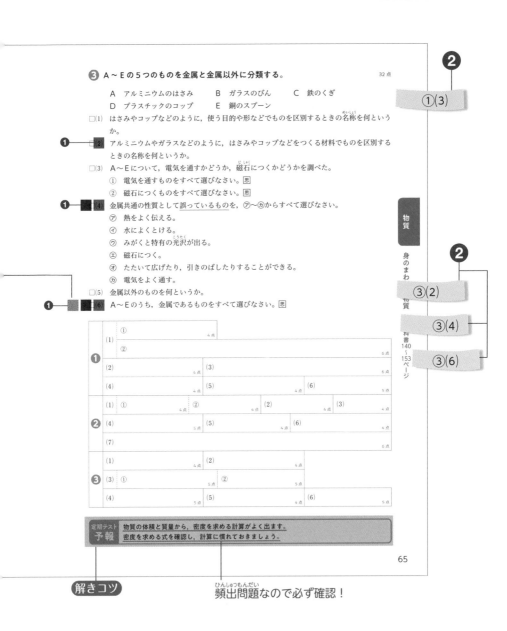

注目 何度も間違えるなら、
前にもどって必ず確認！

ぴたトレ 3 確認テスト

1章 いろいろな物質とその性質

時間 30分 ／100点 合格 70点 解答 p.17

必解 よく出る **1** **図の物質A～Eについて，実験１～４を行ったところ，それぞれ表に示した結果となった。** 33点

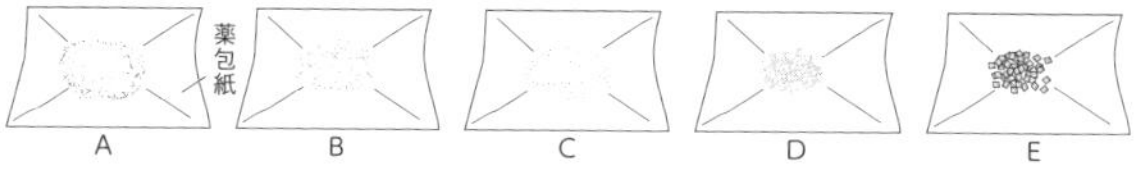

実験	方 法	結 果
1	水に入れたときのようすを調べる。	A・Cがとけた。
2	電気を通すかどうかを調べる。	B・Dが電気を通した。
3	加熱したときのようすを調べる。	A・B・D・Eが燃えた。
4	実験３で燃えたものについて，燃えるとき二酸化炭素を出すか調べる。	A・Eが二酸化炭素を出した。

□(1) 記述 実験４で二酸化炭素を発生したかどうかを調べるには，①何を使えばよいか。また，②どのような結果になれば二酸化炭素が発生したといえるか。技

□(2) A～Eのうち，２つは金属である。金属と考えられるもの２つを選びなさい。思

1 □(3) 記述 (2)のように答えた理由を簡潔に書きなさい。思

□(4) A・Eのような物質を何というか。

□(5) A・E以外の物質を何というか。

点UP □(6) A～Eのうち，１つは砂糖《さとう》である。砂糖と考えられるものを選びなさい。思

必解 よく出る **2** **物質A～Eについて，体積と質量をはかり，密度《みつど》を求めたところ表のようになった。** 35点

物 質	A	B	C	D	E
体積〔cm^3〕	25.0	30.0	28.0	40.0	14.0
質量〔g〕	67.5	23.7	294.0	108.0	270.2
密度〔g/cm^3〕	㋐	0.79	10.5	2.70	19.3

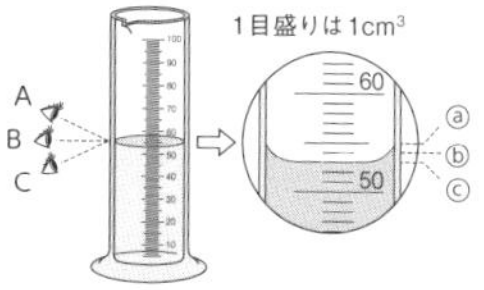

□(1) 体積の測定にはメスシリンダーを用いた。メスシリンダーの目盛《めも》りを読むときの，①目の位置，②読みとる水面の位置として正しいものを，A～C，ⓐ～ⓒからそれぞれ選びなさい。技

□(2) 同じ体積で比べたとき，もっとも質量が大きいのは，B～Eのどれか。

□(3) 同じ質量で比べたとき，もっとも体積が大きいのは，B～Eのどれか。

□(4) 計算 ㋐にあてはまる値《あたい》を求めなさい。

□(5) Aと同じ物質であると考えられるのは，B～Eのどれか。思

□(6) 物質Bは液体である。液体Bに密度0.917 g/cm^3の氷を入れたら，氷は浮《う》くか沈《しず》むか。思

必解 点UP □(7) 記述 (6)のように答えた理由を簡潔に書きなさい。思

64

成績評価の観点 技…観察・実験の技能 思…科学的な思考・判断・表現

注目 計算→公式と考える！ 公式は覚えた？

（「教科書ぴったりトレーニング」啓林館版 理科1年 64～65ページ 解答解説は略）

※数字❶❷やマークについては151ページ参照。

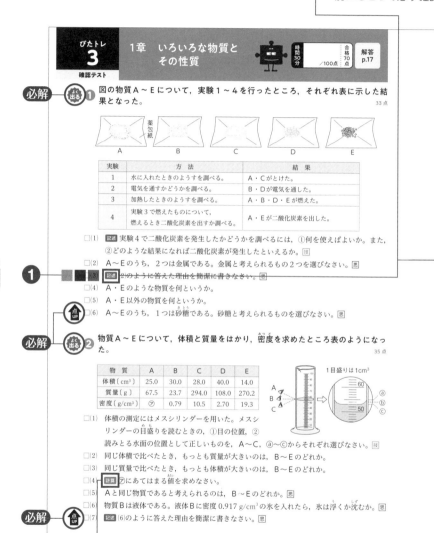

社会　地理・歴史・公民

資料や図、地図を組み合わせた問題が頻出！

小学生の時から地図を使ったり、旅行をしたり、あるいは、戦国時代が舞台《ぶたい》のような歴史のゲームを楽しんだり、地理や歴史にはなじみがあると答える中学生は多いと思います。ただし、中学生になると、教科書に登場する語句や覚えるべき事柄《ことがら》や人物の多さにまずは圧倒《あっとう》されるはず。

では、どうしたら、スムーズに覚えられるのか。地理や歴史のみならず、公民にも言えることだけれど、ふだんから日常的に情報に慣れ親しんでおくことが大切。資料集はもちろんのこと、テレビのニュース番組や新聞などにも、「なんとなく」ではなく、できる限り「意識的に」接するように心がけると、自然に耳に入ってくるようになる。知らず知らずのうちに覚えてしまっているなんてことも。スマホを使っている生徒はLINEニュースでもいい。世の中の動きに積極的に向き合えば、公民にも関心が持てるはず。日頃の習慣、例えば、「歯を磨《みが》く」「お風呂《ふろ》に入る」ことと同じように接するのがいいよ。地名がわからなければ、調べて口に出して音読

語呂合《ごろあ》わせで覚える年代

●むしこ（645）ろされた蘇我一族《そがいちぞく》。

→645年、蘇我氏をほろぼし、大化の改新が始まる。

●なんと（710）りっぱな平城京。

→710年、都を奈良の平城京に移す。

●仏教の弊害《へいがい》なくし（794）、平安京へ。

→794年、都を京都の平安京に移す。

●入れ（10）てやろ（86）うか、白河院政《しらかわいんせい》。

→1086年、白河上皇が院政を始める。

●いい国（1192）つくろう将軍頼朝。

→1192年、源頼朝が征夷大将軍《せいいたいしょうぐん》になる。

●北条の一味（13）さんざん（33）鎌倉《かまくら》ほろぶ。

→1333年、鎌倉幕府がほろぶ。

●人知れよ（1404）、倭寇《わこう》と区別の勘合符《かんごうふ》。

→1404年、勘合貿易が始まる。

●京は焼け、人（1）のせむな（467）しい応仁の乱。

→1467年、応仁の乱が始まる。

●アメリカへ、意欲に（1492）かられるコロンブス。

→1492年、コロンブスが西インド諸島に到達《とうたつ》。

●秀吉《ひでよし》は、戦国丸（1590）めて天下統一。

→1590年、豊臣秀吉が全国を統一する。

●家康は、喜びの色を見（1603）せつつ将軍に。

→1603年、徳川家康が江戸幕府《えどばくふ》を開く。

●人無惨《ひとむざん》な（1637）、島原・天草一揆《あまくさいっき》。

→1637年、天草四郎《あまくさしろう》（益田時貞《ますだときさだ》）を中心に島原・天草一揆が起こる。

●非難丸く（1709）、新井白石。

→1709年、新井白石の正徳の治。

など

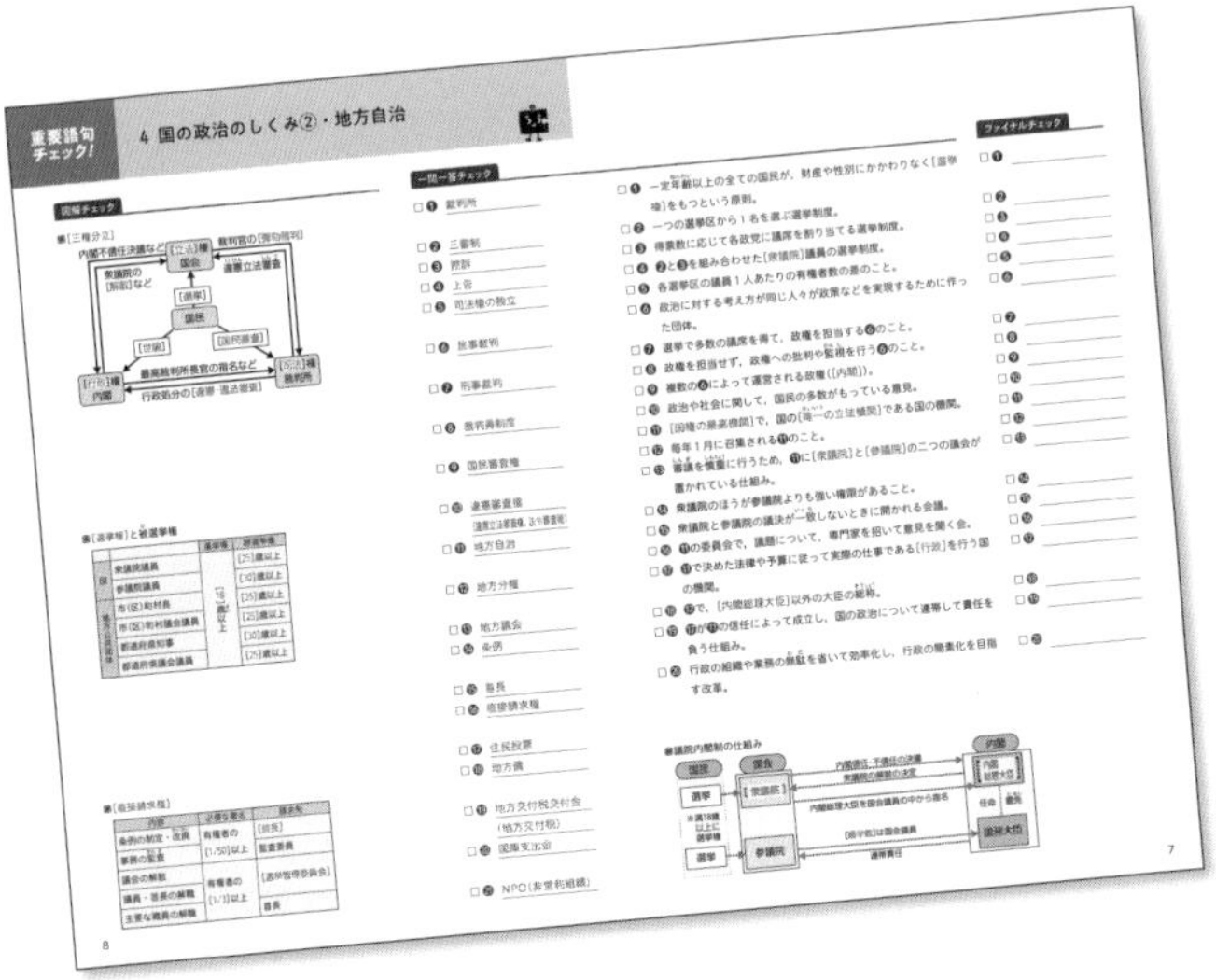

（「教科書ぴったりトレーニング」東京書籍版 社会 公民1年 付録「重要語句チェック&ぴたトレ専用ノート」8〜9ページ）

して。口も耳も使うと覚えられるから。歴史だと、手《て》強《ごわ》いのが年代の暗記だよね。これはやはり語呂合わせで楽しく覚えるのが一番。171のページにリストをまとめたので、こんな感じで歌うように覚えてみよう。

　実際のテスト問題を解く際、資料やグラフ、地図、表などから内容を読み取る作業があるね。テスト勉強をしていると、用語暗記に追われて、資料やグラフ、地図、表などは見落としてしまいがちだけれど、実際の定期テストや入試問題には、資料を複合的に組み合わせて解く問題が出るから、そういうグラフや地図、表などは要チェックだよ。チャプター3で「教科書の黙読作業で資料やグラフ、地図のタイトルまで読んで！」と言ったけれど、問題集も試してみてね。教科書も問題集も付録もストーリーがある物語のように読んでみることが大事。部分的な暗記を繰り返すのは無駄だよ。黙読によるストーリー理解が初めにあると、暗記もグンと楽になるし時間もかからない。これは英単語や漢字を覚えるのと同じ。いきなり暗記からの作業はやめよう。

！注目！

記述問題は「知識」と「知識」の組み合わせ！

地理も歴史も公民も「記述問題」が必ず出るよね。記述問題が苦手とよく聞くけれど、これまで習ったこと、例えば、「人物」と「やったこと」、「事柄」と「事柄」の関係性といった、何かと何かの組み合わせがほとんどだから、焦らないで。多くの場合、「●●のために…となった」と理由と結果のポイントを押さえればいい。問題集で訓練を積み重ねておこう。

第3節

本番を石田式・問題集の使い方で乗《の》り越《こ》える方法

数学　間違い発見作業のために5～7分を確保する！

本番のテスト、模試、入試の時に行いたいのが、「解答の間違い発見作業」。少しでも高得点に近づきたいのならば、この作業は大切。特に「数学」は必須《ひっす》だよ。

今回は特別に本番のテストのような雰囲気《ふんいき》を出すため、問題に取り組んだ時の様子を示しています。なので、特別に問題集に書き込んであるけれど、本来はこのページもノートに書いてね。

ここでは、「数学の計算ミスの発見方法」について話します。計算ミスは必ずやってしまうと思っていいので、試験本番中に「いかにミスをしないように解くか」ではなく、「見直しによってミスをいかに発見するか」が大切なのです。そのステップを書いておくね。次の3つだ。

① 間違えているところを見つけ出す。

必ず間違えていると思って、超集中して答えを見直し、確認する。

② 見直し時間に余裕を持つ。

5〜7分くらいは確認時間ができるように時間配分する。

※問題の分量などに応じて、自分で時間を設定しよう。

③ 解けない問題は解かず、解き終えた問題で間違えているかどうかの確認をする。

赤い四角で囲ったところが、間違えているところで、非常に簡単な計算ミスと文字の付け忘れなどですね。

この確認作業で大切なのは、途中式《とちゅうしき》を消さないでおくこと。

また、自信のないところは、薄《うす》く○や△などの印を付けておくと、間違い発見作業をする時に目安になるので、便利。

最低でも、3つは見つけること。

そのために、数学は見直し時間を必ず確保してね（計算ミスの発見方法については199〜202ページ参照）。

7 次の2つの式をたしなさい。
また，左の式から右の式をひきなさい。知

$3x-4,\quad 10x+4$

和 $(3x-4)+(10x+4)$
$=3x+10x-4+4=13x$

差 ……
$=$ …… $7x-8$

x 忘れ!

教科書 p.73

7 点/6点（各3点）

和	$13x$
差	$-7x-8$

正しくは $7x$

8 次の計算をしなさい。知

(1) $13x\times(-7)$
$=-91x$

(2) $-56x\div(-8)$
$=7$

(3) $-8x\times\left(-\frac{5}{12}\right)$
$=-\frac{10}{3}$

x 忘れ!

(4) $42y\div\left(-\frac{6}{7}\right)$
$=42y\times\left(-\frac{7}{6}\right)$
$=-49y$

「−×−=+」を見落とし!
正しくは $\frac{10}{3}x$

8 点/12点（各3点）

(1)	$-91x$
(2)	7
(3)	$-\frac{10}{3}$
(4)	$-49y$

9 次の計算……

(1) -4……
$=-$…… $x-9$

(3) $4(3$……
$=12x-20+15-6x=6x-5$

$=2(2x-3)=4x-6$

(5) $x-\frac{1}{2}(3x-1)$
△ $=\frac{2x-(3x-1)}{2}=\frac{2x-3x+1}{2}=\frac{-x+1}{2}$

(6) $\frac{1}{3}(x+1)-\frac{1}{4}(2x+3)$
$=\frac{4(x+1)}{12}-\frac{3(2x+3)}{12}$
$=\frac{4x+4-6x-9}{12}$
$=\frac{-2x-5}{12}$

(7) $6\left(\frac{2}{3}x-\frac{5}{2}\right)-(6x-4)\div2$
△ $=4x-15-(3x-2)$
$=4x-$

教科書 p.75~76

9 点/21点（各3点）

(1)	$-12x+8$
(2)	$-6x-9$
(3)	$6x-5$
(4)	$4x-6$
(5)	$\frac{-x+1}{2}$
(6)	$\frac{-2x-5}{12}$
(7)	$x-13$

10 次の数量の関係……

(1) 全部で x 冊……
2冊余る。

余りの4には5はかけない
4のままだから $x=5y+4$

(2) 正の整数 x を5でわると，商が y，余りが4になる。
$x\div5=y\cdots4$ だから $x=5y+20$

(3) 80本の鉛筆《えんぴつ》を，1人4本ずつ a 人の生徒に配ると，何本か余る。
$4a<80$

(4) A地点から，分速70mで x 分間歩き，続いて分速130mで y 分間走ると，3kmさきのB地点にちょうど着く。
3000m $70x+130y=3000$

教科書 p.77~79

10 点/16点（各4点）

(1)	$x=3y+2y$
(2)	$x=5y+20$
(3)	$4a<80$
(4)	$70x+130y=3000$

定期……想問題
教科書56〜85ページ

知 /76点 考 /24点

解答▶▶ p.55 157

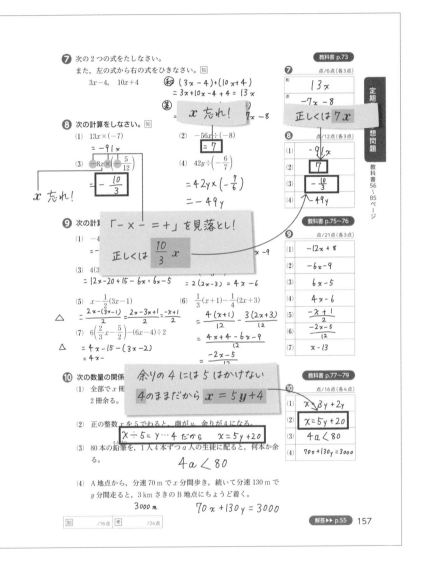

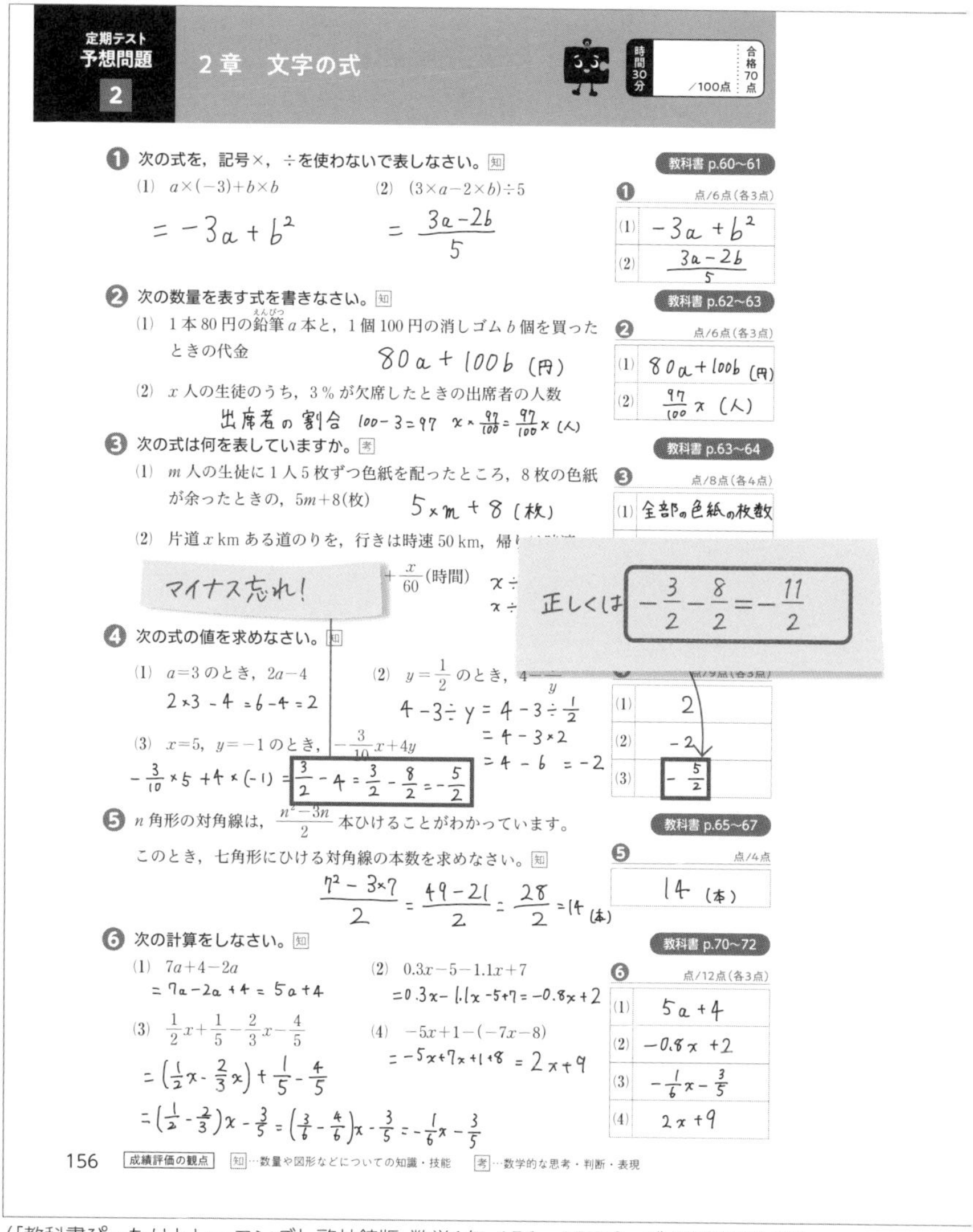

定期テスト 予想問題 2

2章　文字の式

時間30分　／100点　合格70点

❶ 次の式を，記号×，÷を使わないで表しなさい。知

教科書 p.60〜61

(1) $a\times(-3)+b\times b$

$= -3a + b^2$

(2) $(3\times a-2\times b)\div 5$

$= \frac{3a-2b}{5}$

❷ 次の数量を表す式を書きなさい。知

教科書 p.62〜63

(1) 1本80円の鉛筆《えんぴつ》a本と，1個100円の消しゴムb個を買ったときの代金

$80a + 100b$ (円)

(2) x人の生徒のうち，3％が欠席したときの出席者の人数

出席者の割合　$100-3=97$　$x\times\frac{97}{100}=\frac{97}{100}x$ (人)

❸ 次の式は何を表していますか。考

教科書 p.63〜64

(1) m人の生徒に1人5枚ずつ色紙を配ったところ，8枚の色紙が余ったときの，$5m+8$(枚)

$5\times m + 8$ (枚)

(2) 片道x kmある道のりを，行きは時速50 km，帰り…

… $+\frac{x}{60}$(時間)

マイナス忘れ!

正しくは $-\frac{3}{2}-\frac{8}{2}=-\frac{11}{2}$

❹ 次の式の値を求めなさい。知

(1) $a=3$のとき，$2a-4$

$2\times3-4=6-4=2$

(2) $y=\frac{1}{2}$のとき，$4-\frac{3}{y}$

$4-3\div y = 4-3\div\frac{1}{2}$
$=4-3\times2$
$=4-6=-2$

(3) $x=5$，$y=-1$のとき，$-\frac{3}{10}x+4y$

$-\frac{3}{10}\times5+4\times(-1)=\frac{3}{2}-4=\frac{3}{2}-\frac{8}{2}=-\frac{5}{2}$

❺ n角形の対角線は，$\frac{n^2-3n}{2}$本ひけることがわかっています。
このとき，七角形にひける対角線の本数を求めなさい。知

教科書 p.65〜67

$\frac{7^2-3\times7}{2}=\frac{49-21}{2}=\frac{28}{2}=14$ (本)

❻ 次の計算をしなさい。知

教科書 p.70〜72

(1) $7a+4-2a$

$=7a-2a+4=5a+4$

(2) $0.3x-5-1.1x+7$

$=0.3x-1.1x-5+7=-0.8x+2$

(3) $\frac{1}{2}x+\frac{1}{5}-\frac{2}{3}x-\frac{4}{5}$

$=\left(\frac{1}{2}x-\frac{2}{3}x\right)+\frac{1}{5}-\frac{4}{5}$

$=\left(\frac{1}{2}-\frac{2}{3}\right)x-\frac{3}{5}=\left(\frac{3}{6}-\frac{4}{6}\right)x-\frac{3}{5}=-\frac{1}{6}x-\frac{3}{5}$

(4) $-5x+1-(-7x-8)$

$=-5x+7x+1+8=2x+9$

解答欄

❶ 点/6点（各3点）

(1)	$-3a+b^2$
(2)	$\frac{3a-2b}{5}$

❷ 点/6点（各3点）

(1)	$80a+100b$ (円)
(2)	$\frac{97}{100}x$ (人)

❸ 点/8点（各4点）

(1)	全部の色紙の枚数

❹ 点/9点（各3点）

(1)	2
(2)	-2
(3)	$-\frac{5}{2}$

❺ 点/4点

14 (本)

❻ 点/12点（各3点）

(1)	$5a+4$
(2)	$-0.8x+2$
(3)	$-\frac{1}{6}x-\frac{3}{5}$
(4)	$2x+9$

156　成績評価の観点　知…数量や図形などについての知識・技能　考…数学的な思考・判断・表現

(「教科書ぴったりトレーニング」啓林館版 数学1年 156〜157ページ 解答解説は略)

！　注目　！

本番のテストの間違い発見作業の前には、ひと呼吸を！

本番というのは、ついつい焦《あせ》ってしまいがちだが、常に冷静落ち着いた気持ちでいるには、余裕を持って解答することが大切。その余裕は、ふだんから問題を解く時に時間配分をし解ける問題は確実に解く訓練をしておくことで生まれる。そして、ひと呼吸すると、落ち着いて間違い発見作業に入れる。元メジャーリーガーの松《まつ》井《い》秀《ひで》喜《き》さんの座右の銘《めい》は「心が変われば行動が変わる　行動が変われば習慣が変わる　習慣が変われば人格が変わる　人格が変われば運命が変わる」。心を変えて行動を変え、習慣を変え、得点アップ、そして合格を手に入れよう。

第4節

あまり知られていないコト

通知表の観点別評価、内申書《ないしんしょ》の仕組みと、君の味方である問題集のヒミツ

この節は、ちょっと難しいかもしれない。なぜかと言うと成績を付ける仕組みについて書いているから。難しければ飛ばしてもいいけれど、実はこんな感じで成績って付けているんだね～ということがざっくりわかればいいかな。実は各教科の成績は「観点別評価」という文部科学省が定めた方法で付けられているんだよ。この評価には、「君のどういうところを先生は見て、成績を付けているのか」ということが示されている。だから、ここをもっと勉強すると、成績が上がるかもしれない、というヒミツが隠されていると言っても過言ではない。そういうことも踏《ふ》まえて日々勉強をすると、君の成績アップにも少しは役に立つかもしれないね。

君たちの成績は

「知識・技能」

「思考・判断・表現」

「主体的に学習に取り組む態度」

という3つの観点で、判定することが決められている。

これらの成績が通知表には「A」「B」「C」とか書いてあるはずだ。そして総合的に判定したのが1〜5などの数字で示される「評定」というものだ。

君たちの成績は「指導要録」という生徒1人ひとりのカルテのようなものにまとめられている（次の表）。高校入試の時に出される内申書（調査書）はこの指導要録の記録をもとに作成されるんだ（181ページ参照）。

この成績の土台、「観点別評価」っていうのは主にテストの問題で計られる（日々の授業態度や宿題、レポートなどの提出物で計られるものもある）。つまり問題ごとに、どれかの観点が計られるようになっているということ。この節の冒頭でもちょっと触れたけれどね。

例えば、基本的な計算問題なら、君の「知識・技能」が計られているんだ。

ここからはさらに上を目指すための耳よりな情報を伝えるよ。定期テストや特定の問題集では、それぞれの問題に何の観点を計る問題かを示したマーク等が付いていることがある。そんな問題集こそ、君の味方で親友だよ。例えば、もし通知表で、

様式２（指導に関する記録）

生徒氏名	学校名	区分＼学年	1	2	3
		学級			
		整理番号			

各教科の学習の記録

教科	観点＼学年	1	2	3
国語	知識・技能			
	思考・判断・表現			
	主体的に学習に取り組む態度			
	評定			
社会	知識・技能			
	思考・判断・表現			
	主体的に学習に取り組む態度			
	評定			
数学	知識・技能	B	B	A
	思考・判断・表現	B	B	B
	主体的に学習に取り組む態度	B	B	A
	評定	4	4	5
理科	知識・技能			
	思考・判断・表現			
	主体的に学習に取り組む態度			
	評定			
音楽	知識・技能			
	思考・判断・表現			
	主体的に学習に取り組む態度			
	評定			
美術	知識・技能			
	思考・判断・表現			
	主体的に学習に取り組む態度			
	評定			
保健体育	知識・技能			
	思考・判断・表現			
	主体的に学習に取り組む態度			
	評定			
技術・家庭	知識・技能			
	思考・判断・表現			
	主体的に学習に取り組む態度			
	評定			
外国語	知識・技能			
	思考・判断・表現			
	主体的に学習に取り組む態度			
	評定			

教科	観点＼学年	1	2	3
	知識・技能			
	思考・判断・表現			
	主体的に学習に取り組む態度			
	評定			

特別の教科　道徳

学年	学習状況及び道徳性に係る成長の様子
1	
2	
3	

総合的な学習の時間の記録

学年	学習活動	観点	評価
1			
2			
3			

特別活動の記録

内容	観点＼学年	1	2	3
学級活動				
生徒会活動				
学校行事				

文部科学省：各設置者における指導要録の様式の設定に当たっての検討に資するための指導要録の「参考様式」より（2022年現在）。

「思考・判断・表現」がいつも「C」で困っているなら、君に必要なのは「思考・判断・表現」をもっと身に付けること。つまり、それが君の「宝」であり、「弱点」。ここをもっと勉強すれば、君の得点アップにつながるということ。だから、問題集の「思考・判断・表現」のマークがついている問題に意識して取り組んでみよう。実は、チャプター6で一緒《いっしょ》に見てきた問題集にも次のようなマークが付いているんだよ。ここでは、苦手な人が多いとよく聞く「平面図形」のページを取り上げているけれど、これで、「苦手意識」が大切な宝だっていうことが納得できたかな？　君の味方の問題集には、宝がたくさんちりばめられているんだ（183ページ参照）。

これは秘伝中の秘伝の1つで、通知表を上げる高度なテクニックなので、チャレンジできる人はやってみ

これが何の観点を計る問題か示した
「観点マーク」。
ここに君の苦手、弱点、つまり宝、そして得点
アップのチャンスが隠されているんだ！

問題集テク図解　秘伝ワザ

教科書 p.146-177　5章 平面図形

Step 3 予想テスト　5章 平面図形　30分　/100点　目標 80点

❶ 右の長方形 ABCD について，次の問いに答えなさい。知　20点(各5点)

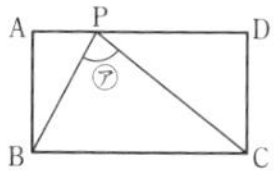

□(1) ㋐の角を記号とアルファベット3文字を使って表しなさい。
□(2) 辺 AD と辺 BC の関係を，記号を使って2つ表しなさい。
□(3) 辺 AB と辺 BC の関係を，記号を使って表しなさい。

❷ 正六角形 ABCDEF の対角線の交点 O を通る線分を，右の図のようにひくと，合同な6つの正三角形ができます。次の(1)，(2) にあてはまる三角形をすべて答えなさい。知　10点(各5点，(1)完答)

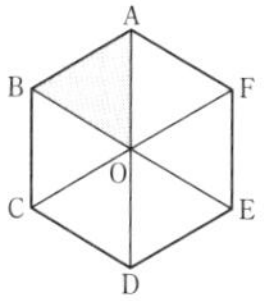

□(1) △OAB を，平行移動すると重なる三角形
□(2) △OAB を，点 O を回転の中心として，180°回転移動すると重なる三角形

❸ 次の問いに答えなさい。知 考　20点(各5点)
□(1) 半径 5cm，中心角 144°のおうぎ形の弧の長さと面積を求めなさい。
□(2) 半径 6cm，弧の長さ 2πcm のおうぎ形の中心角の大きさと面積を求めなさい。

点UP ❹ 次の作図を解答欄《らん》の図にしなさい。知 考　10点(各5点)
□(1) 線分 AB の中点 M

□(2) 下の円 O で，点 P が接点となるような，この円の接線 ℓ

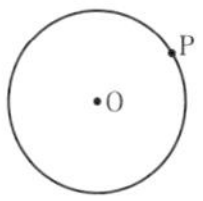

❺ 右の図について，次の問いに答えなさい。知 考　10点(各5点，(1)完答)

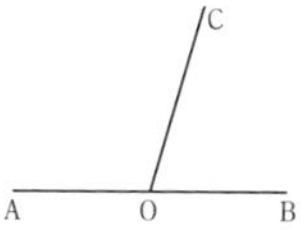

□(1) ∠AOC の二等分線 OP と，∠BOC の二等分線 OQ を解答欄の図に作図しなさい。
□(2) ∠POQ の大きさを求めなさい。

44　成績評価の観点　知…数量や図形などについての知識・技能　考…数学的な思考・判断・表現

解きコツ 「観点マーク」の説明。君の宝はどれかな？

(「定期テスト ズバリよくでる」啓林館版 数学1年 44ページ)
※解きコツについては151ページ参照。

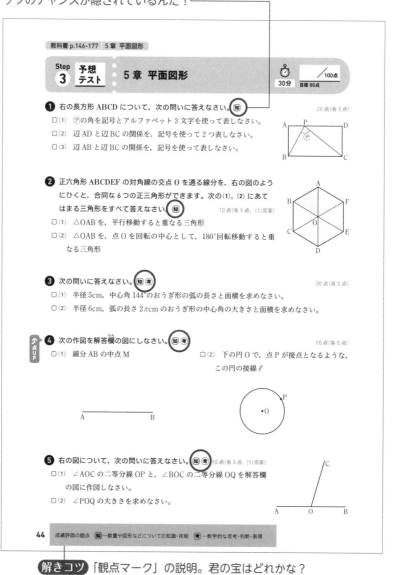

よう。

！注目！

これらの「観点マーク」で成績アップへ！

君の観点の評価が低いものこそ「宝」だってことがわかったかな？　そう考えると、苦手なところも大切にしようって思わない？　ふだんから苦手なところを集中的に勉強することで得点につながるから、そのあたりも踏まえて勉強に取り組んでみよう。

chapter 7

中学生のＱ＆Ａ

このチャプターでは、実際に中学生が疑問に思っていること、聞きたいことを特集します。

これまで実際にたくさんの中学生を指導してきて感じたことは、たくさんの疑問があるにもかかわらず、なかなかそれを口にする場がないということでした。どうでしょう。おそらく聞きたくても聞く場がない、聞く相手がいない、聞く気が起こらないとか、いろいろあるんではないかな。「疑問に思ったことは聞いた方がいいよ～」と言われても実際にそれを行動に移すのはなかなか大変なんだよね。中学生は特に。周りの目もあるしね。

そこで、よくある質問、疑問をここでまとめてみたので、参考にしてみてね。

勉強のやる気が出ません。

まず、これは当たり前のことです。勉強をやりたいと思える方が異常かもしれない。普通はなかなかやる気が出ないものです。

そういう時は、やりやすい科目からやってみよう。もしそれすらできなかったら、机の上の整理《せいり》整頓《せいとん》から始めよう。あと、ノートとか教科書を開くだけでおしまいにしちゃうの。開いて置いておくだけ。そうすると気になるじゃないですか。で、座ったらすぐ始められるでしょ、という、いわゆる準備ですね。セッティングだけやっておくとか。**こうやってファーストステップというのは頭を使わずやってもいい作業を設定しておくといいよ。**

もう1つは、**自分で、どの場所でどの時間帯で何をやるのがいいのかを調査**してみてください。実は、場所の設定って重要だからね。で、調査している間も勉強しているでしょ。こうやって勉強していくんだよね。

さらにもう1つ、勉強ができる子がやっていることがあります。それは、**キリがいいところまで勉強しない、**ということ。中途半端《ちゅうとはんぱ》で終わらせて、開きっぱなしで机の上に置きっぱなし。やりきっちゃダメ、**中途半端で終わらせる。**例えば第1章の最後までやったとして、それを閉じてしまうでしょ。すると次に出すの、めんどくさいじゃないですか。「よっこらしょ」で、さらに「また最初からやるの？」ってなるでしょ。そうすると心が動かないんですよ。そうなるところを、第1章の最後の3問だけ残して終わらせておくとか。そうすると、その3問を終わらせるところからスタートだからやる気が動くんです。これ、実は勉強できる子がやっている秘密のノウハウなんだ。

私は集中力がなくて困っています。すぐに気が散ってしまいます。どうしたらいいですか。

基本的に集中力は自分の好きな分野で出てくるものなんです。

だから好きでもない勉強で、集中力が出てくるなんて、普通はないし、集中力がないことは別に異常なことではないよ。でも、いつまでたってもそれでは困っちゃうよね。なので、今すぐにできる工夫を伝えよう。

方法1

人間は、比較的《ひかくてき》集中《しゅうちゅう》できる人と、そうでない人に分けられる。ちなみに私は、気が散るタイプでした。それで、どうしたかと言うと、**身の回りに、気が散るようなものを置かないようにした。**例えば、ゲームとか、マンガとか。さらに音楽も歌詞が入ってる音楽はかけない。なぜなら、歌詞に引っ張られて気が散るから。BGMとしてのミュージックや、意味のわからない外国語の歌などであれば大丈夫《だいじょうぶ》。要するに、**自分が引っ張られそうなものを身の回りに配置しない**ことが第一条件です。

方法2

自分が集中できる時間を知っておく。例えば、**15分しか集中できないのであれば、15分単位で勉**

強を組み立てる。15分勉強、5分休憩《きゅうけい》、15分勉強、5分休憩というように。その際に、タイマーを使って。アラームが鳴るようにしておこう。もし、15分以上いけると思ったら、時間を延ばして大丈夫。そして**飽《あ》きたら休憩、**というようにする。

方法3

勉強のスタートは、勉強らしくないことから始める。今までも勉強モードでなかったのに、いきなり勉強をやるといっても、なかなかできないよね。だから、勉強のスタートは、**「勉強らしくなくて、頭を使わないこと」**から始めるんだ。例えば、漢字の練習からとか、**ノートを書き写す（ノートまとめ）**とか、**音読**とか。これって適当にやっていい作業だから。で

も、**広～い意味では、勉強につながっている。**不思議とそれをやっていると、勉強モードに頭が切りかわるんだよね。

以上のような方法があるので、ぜひ参考にしてみて。

家で勉強できる状況《じょうきょう》ではないのですが、どうしたらいいですか？

家で勉強するって、結構大変だと思うよ。兄弟姉妹がいて、うるさいとか、騒《さわ》ぎまくっているとか、テレビがついていて気になるとか、マンガやゲームが手に届くところにあるとかね。勉強をさえぎるものがたくさんあって、それを無視して勉強するって、常識で考えてみても難しいね～。

そこで、方法としては2つある。1つは、**家で勉強する時間帯を変える**という方法。**早朝か夜の時間を使って、静かになる時間帯に勉強をする**ようにする。でも、これはしっかりと「やる！」という決意が必要だ。早朝に好きでもない勉強をやるだけの決意がないと難しい。夜も、疲《つか》れてしまって眠《ねむ》いという状況の中で、勉強するのも楽ではないよね。でもやれるようであれば、このような時間に設定してしまうことだ。

そして、もう1つの方法。これは**場所を変える**という方法。つまり、**家では勉強できないのだから、家以外でやる**ということだね。場所としては、**図書館、学校の自習室や図書室、塾《じゅく》、**さらに最近では**カフェで勉強する**という

子もいる。今、君がどのような場所に住んでいるか、どのような家に住んでいるかはわからないけれど、このように**「勉強ができる環境」に自分の身を置く**ということをしないといけない。**周囲が勉強する人たちであれば、なんとなく自分も勉強するモードになる**でしょ。そのようにして**「自分をやる気にさせる場」**を作るんだ。

以上、どちらかの方法しかないから、やってみてね。

塾に行っていれば、安心ではないのですか？

塾に行っていれば成績が上がるというのは幻想《げんそう》だと思った方がいい。だからオール3の子はずっとオール3だし、オール4の子はずっとオール4だったりする。もちろん塾に入ってスイッチが入り、勉強に意識が向いて、成績が上がっていくということもある。だけれど、**成績が上がるということは、テスト前に「自分で」勉強したから**であって、塾に行っていたから

成績が上がったのではないということを知っておくといい。だから塾に入ると成績が落ちるということだってあるんだ。それは、塾に入ったことで安心してしまって、テスト前も塾の言う通りにやるだけで、自分では積極的に勉強しないからなんだね。

計画表は必要でしょうか。今までこのようなものは作ったことがありません。

計画表がなくてもできる人は一部いる。100人に1人ぐらいの割合で。もしそれに該当《がいとう》していないようであれば、逆に、計画表がなくて今までよく大丈夫だったね～という感じだ。**計画表というのは、「いつ、何を」やるのかということを「見える化」するためのもの**で、これがないと、一部の天才を除き、大半の人は実行することができないんだ。特に自分が怠《なま》け者《もの》だと思うようであれば、なおさらで、**こういうスケジュール表を作って、自分を自分で管理しないと目標達成は無理**だと思うね。私も超《ちょう》怠け者だったので、こういうスケジュール表を作って自分を管理したんだよ。もちろん親は関係なくて、親からは「勉強しなさい」とは1度も言われたことがなかった。親に管理されているようでは、ダメだよね。**自分のことは自分でやらないとね。**

部活やクラブチームに入っていて、テスト前も練習や試合があります。部活やクラブで時間が取れない時はどうしたらいいですか？

そのような状況《じょうきょう》を変えることは難しいだろうから、今の環境《かんきょう》の中で時間を作るということを考えてみよう。一見、時間がないように思えるけれど、**それはまとまった1時間、2時間がないだけで、10分単位、5分単位であれば日常、いくらでもあるよね。**それともう1つ。学校の授業時間中は、クラブ練習はやらないので、**その授業時間内に、覚えてしまう**とか、**試験勉強をかねてしまう**ということができるんじゃないかな。この話は、野球部で勉強時間が取れないけれども、学年で上位の成績を取っていた生徒から聞いたんだ。**「学校の授業時間」「短いスキマ時間」の2つを使ってトップレベルの成績を取る**ことは可能だということだね。あとは、**「本気」で点を取りに行く**かどうかという気持ちの問題だけ。

わからない問題があるけど、先生に質問しづらいです。

授業が終わった後に聞きにいって、もし放課後がいいと言われたら放課後にいこう。それができなければ、友達に聞くということでもいい。いずれにしても、**わからない部分は解決させないといけない。一番いいのはわからないその時に聞きにいくこと**だけど、それは難しいことが多いから、わからないところ、聞きたいところにはとにかく付箋《ふせん》を貼《は》るようにしよう。

計算ミスばかりで、数学の問題集のやり直しに時間がかかります。数学は問題の量が多いので大変です。どうしたらいいですか？

数学をやっていて、計算ミスをしてしまった問題って結構あるよね。その場合、その問題は「間違《まちが》えた問題」ってことにな

る。計算ミスした問題を間違えた問題としてカウントして、また2回目も間違いを繰《く》り返《かえ》しているってことだね。繰り返しても、繰り返さなくてもどちらでもいいけれど、こういう場合、私は次のように中学生に言っているんだ。

「計算ミスした問題は『正解した問題』として処理する」

おそらく、ほとんどの生徒は、計算ミスした問題については、君みたいに、もう1度繰り返し解こうとするよね。でもよく考えてみて。この計算ミスというのは、試験本番で発見する作業であって、日頃《ひごろ》の勉強は、数学の問題の解き方を知っているか知らないかをチェックする場なんだよね。つまり、計算ミスというのは、やり方を知っているにもかかわらず、凡《ぼん》ミスをしてしまったということなので、それをまた繰り返し解くというのは、わかっている問題をもう1回解くことと同じなんだよね。**簡単に言えば、もう1回解くことは「時間の無駄《むだ》」**。これをやっているから、時間ばっかりかかってしまって、いつまでも点数が伸《の》びないんだ。だから、**やり方をわかっている問題は「できた問題」**として処理して次の問題に行く。通常、このようなアドバイスは受けないと思う。間違った問題は繰り返すようにとしか言われないからね。繰り返すことは正しいけど、「どう繰り返すのか」ということは語られないから、「間違い問題→すべて繰り返す」と思ってしまう。時間があればやっても損はないけど、中学生ってそんなに暇《ひま》？　学校に行き、部活やったり、宿題やったり、塾に行ったり。たくさんやることがあるし、睡眠時間《すいみんじかん》も取りたいし。時間がない中でどうやって「無駄をなくすか？」を考えていかないと、とてもじゃないけど、全部なんてできないんだ。そういう意味でも、この方法をオススメするよ。

計算ミスがいつまでたっても減らないため、苦労しています。どうしたら計算ミスが減りますか？

計算ミスは、日常の勉強において訓練しても、本番の試験で計算ミスをしないということはあり得ません。つまり、誰《だれ》でも計算ミスはするもの。だから日常の訓練には意味がない。ただ、**自分はどういう間**

違い方をするのかという傾向《けいこう》を知ることが大事。例えば、カッコの前がマイナスの時、カッコをはずした後に、カッコの中の符号《ふごう》を変えることを忘れがちだとか、約分を忘れやすいとか。**この傾向を知っておけば、試験本番で見直しをする時にそこを重点的に見ればいい**のでね～。

さて、では計算ミスをどうするかという話です。**計算ミスはなくなりません。**なので、**試験の最中に発見する時間を取っておくことが重要**なんです。

だいたい中学校では試験時間は50分なので、**ラストの5分から7分は計算ミス発見のために時間を残しておく**んです。だから**数学のテスト時間は、43分から45分で終了すること。**残りの時間でわからない問題に取り組むよりも、計算ミスを発見する方が、得点が上がると思わない？　**できない問題は、捨てる**んです。そんな問題をやっていると、いつまでたっても自己最高得点は取れません。

では、残りの5分程度でどうやって計算ミスを発見するのか？　その手順を書きますね。

① **絶対に3つは間違えているので、その3つが発見できないということは「やばい」ということ。**

「見直しをせよ」と言われると普通、「合っている」と思って見直しているよね。だから、「見つからない」。**「絶対に間違っているものがある！」と思って見直すと、必ず見つかる**んだ。だから、**最低でも3つは見つける**ように。それが見つからない時は、超やばいんです。

② **見直しは、目で見て見直す。計算を書いてしない。**

初めに解いた時に、**計算途中はすべて残しておく**ように。見直し時間が5分程度しかない中で、たくさんの計算問題から計算ミスを発見するんだから、もう1度解いていたら、やりきれないよね。だから、**初めに計算した途中経過を**

残しておいて、それを目で見て発見するんだ。

③**どの部分を見直すか？　というと、❶、❷、❸以降の(1)要するに単なる計算問題の部分。これが一番ミスしやすい。❶、❷は**通常計算問題なので、これは対象。そして**❸以降の(1)は**単純な計算であることが多いため、これも対象ということになる。これを時間の余っている限り、**目で見直して、3つは発見する**ように！

単語の覚え方ってどうやるんですか？

英単語と漢字の覚え方は同じ。「簡単な作業→難しい作業」の順にテストをして覚えていきます。英単語であれば、まず**「英単語→日本語訳」の順番でテスト**をします。その際、日本語で言えるかどうかのチェックをします。だからいちいち書く必要はない。書いていると時間がもったいない

ないからね〜。それができたら、**次に、「日本語訳→英単語」が書けるかどうか**のテストをします。「英単語→日本語訳」のテストをしている時に、単語を見ているし、音読でも目に触《ふ》れているので、意外と英単語のスペリングが書けるので驚《おどろ》くことでしょう。そして、**書けない単語だけ、2回転目、3回転目**とテストを3回繰り返します。**3回繰り返しテストをしても間違えた単語だけ、5回書き**をします。ここで「書いて覚える」という作業が登場します。初めから、「単語を書いて覚える」という時間の無駄になるようなことはやらないように！

英語の筆記テストの勉強の方法は分かりますが、「話せる」ようになるにはどうしたらいいですか？

2020年から英語は、4技能といって、「読む、書く、聞く、話す」をバランスよくテストしているね。今までは読み、書き中心で、聞くは少し入っていた。で、一番ハードルが高いのが、「話す」ということ。

なぜ、ハードルが高いかと言うと、日常に「話す場」がないから。近くに英語を自由に操る海外の人がいて、いつでも話す場があれば、この問題はすぐ解決します。だから一定期間、日本語がまったく通じない英語圏《えいごけん》で生活していれば、聞く能力と話す能力は伸《の》びていきます。でもそれって、時間もお金もかかるし、現実的ではないよね。また、最近ではテレビ電話を使って、英語を話す国々の人たちとつないで、英会話をする仕組みがはやっているけれど、それを使うのも1つの方法だね。安いとは言え、これもお金がある程度はかかる。

で、もう1つお金がかからない方法というのをここで書いておこう。それは、

「使用頻度《しょうひんど》の高い英語を記録して、オリジナルノートを作る」という方法。

日頃、日本語を話しているよね。その時に、**「あれ、これって英語でどう言うんだろう?」**って思うんだ。そして思うだけではなくて、それを**日本語でノートの左側のページに記録しておく。そして先生などにたずねて、右側に英語で書いておく。そうやってそのノートを持ち歩くんだ。**スマホがあるなら、スマホに記録する方法

もあるけれど、**手書きのオリジナルノートの方が効果はある**そうだよ。それがたまっていくと、やがて、**「こういう時は英語でなんて言うか」がわかり出す。**日常の会話なんて、たいした種類はないから、いつも使う表現はすぐにわかってしまうよ。

あしたは
晴れるでしょう。
天気予報
それ
英語でなんて
言うんだろう?

覚え方が分かりません。特に社会や理科の知識を覚えるのが苦手です。どうしたらいいですか？

そうだよね。覚え方って、教えてもらっていないからね。本書でも書いたけれど、日本って不思議で、「来週テストがあるから覚えてきなさい」と言われても、覚え方を教えてもらっていない。定期テスト前に試験範囲表《しけんはんいひょう》を渡《わた》されても、点数が取れる勉強法を教えてもらっていない。「片付けなさい」と言われても、片付け方を教えてもらっていない。「掃除《そうじ》をしなさい」と言われても、合理的な掃除の仕方を教えてもらっていない。不思議だよね。やり方を教えないで、「やれ」だからね。しかも、多くの人はこのことを疑問に思っていない。これはもっと不思議なこと。だから、できる人はずっとできるし、できない人はずっとできないんだよね。だから、**君のような質問が出てくるということは、とてもいいこと**なんだ。

そこで、覚え方だけどね、覚えるとは次のようなことを指すんだ。

「自分でできるまで繰り返しテストをする」

いいかい。よく書いて覚えるって人、いるでしょ。君もそうかもしれないね。実はその方法は正しくない。いや、正確に言うと「時間がかかる割に定着しない方法」なんだ。だから私は、それを〝正しくない方法〟と言っている。

そこで、どうするかと言うと、**「自分」で「繰り返し」「できるまで」「テスト」する**ということなんだ。**テストをするプロセスで「覚える」ということができるようになる。**

だから、1回読んだとか、ノートを見たとか、1回だけテストしたとか、書いたとか、これらは覚えるとは言わないんだ。

社会や理科で覚えるのに良い方法は、自分で穴埋《あなう》め問題を作ってテストをすることなんだ。「暗記ペン」とかあるでしょ。あれで重要用語を塗《ぬ》って、色のシートで上からかぶせて。なんか暗記って、意味がないように思うけれど、**全体の意味を理解した後であれば、最後の手段として「暗記」も必要だ。**そうしないと今の学校教育で行われているテストでは点数が取れないからね〜。

実は、もう1つ、**「イメージ」を使った覚え方**もある。この方法はこの本では書ききれないぐらいあるので、また別の機会に教えたいと思っているけれど、簡単に言えば、**歴史の年号や年代は「語呂《ごろ》合わせ」**して覚えたりするでしょ。794年の平《へい》安京遷都《あんきょうせんと》を「鳴くよ（なくよ）ウグイス　平安京」とかね。あれもその一種だ（語呂合わせの例は171ページ参照）。

以上のことを参考にして「覚えて」みてね。

テストで記述問題が出るのですが、どうしたらいいですか？

記述問題って、多くの生徒にとっては、やりたくない問題だよね。選択肢《せんたくし》問題《もんだい》は選べばいいだけだから、楽だしね。でも**記述ができる子が本当の意味で、勉強ができる人**なんだ。学校のテストの記述は2種類あって、1つは、答えがある記述問題。これは基本的に知識を組み合わせて書くだけだから、やっぱり**「記憶《きおく》」**なんだ。

この『中学生の勉強法』の本では、これまでの20世紀型、知識型テストの対応方法、つまり「記憶」をどうやって行って、定期テストで点数が取れるかという方法についても書いている。そして2020年以降は、カリキュラムが変わって、本当に「考えないと解けない問題」が出てきたんだ。これは2種類のうちのもう1つの記述問題。これが本当の勉強で、単なる記憶というのは無駄とは言わないけれど、本当の勉強ではない。でも、**この『中学生の勉強法』を知っておくと、少なくとも学校のテストでは点数が取れる**ので、このような形で勉強方法を世の中にバラしているんだ。そうしないと、「学校で点数が取れない＝自分ってダメ」って錯覚《さっかく》を起こす子がいるからね。

おそらく、質問にある「記述問題」というのは、前者の話だと思う。つまり、知識の組み合わせ問題。だからここで教えた方法でやっていけば、記述問題も解答できるようになるよ。

後者、つまり考えないとできない記述問題についても書いていくね。例えば「傍《ぼう》線《せん》部《ぶ》5番はどのようなことを言っていますか。文中の言葉を使って三十字以内で書きなさい。」という問題があったとする。

見た瞬間《しゅんかん》ゾッとするよね？　「そんなに書けないよ」って。記述式の場合というのは**「一言で言ったらどういうことだ」という考えから入ります。**「一言で言ったらどういうこと？」「もうちょっと説明するとどういうこと？」「さらに説明するとどういうこと？」と、口で説明するとしたらどう答えるか、という風に考えていく。そうしないといきなり答えを探しちゃうから。答え探しみたいに目を移した段階でアウトです。書かれていることは多少は見るんだけど、**「この傍線部、どういうことを言っていますか」ということは、「同じことをわかりやすく説明しろ」ということ**だから、「一言で言ったらどういうこと？　これは」と言って、一言出し、「そこをもとにもうちょっと説明すると？」と考えていくとだいたい増えていく。

こうやって増やしていくんですよ。でも記述問題が苦手な人たちは素直《すなお》に30文字というと30文字を探しだしたり、いきなり30文字書こうとしちゃいます。**「口で言うとしたらこんな感じ」と。メモしておいて、あとはそれで字数調整すればいいだけ**の話なんです。それで、記述も意外と点は取りやすい。書けば部分点の可能性もあるしね。

これはチャプター5にも書いている「思考力」も関わってくるから、そちらも読んでほしい。この「思考力」は、全科目に使える万能な能力なんだ。この本を通じて、1つでも2つでも『中学生の勉強法』を自分の勉強方法に取り入れてごらん。驚くほど効果が出るからね～。

タブレットやスマホは勉強でどう使ったらいいですか？

2020年にGIGAスクール構想という教育改革が進められた。この時にほとんどの小中学校で一人一台、学習用の端末《たんまつ》が配られたんだ。それもあって、今の中学生はタブレットやスマホを使って勉強している人も多いんじゃないかな。学習用のアプリも色んな種類がある。

ただ、やっぱり**勉強のメインストリームは当面の間は紙**だと思います。デジタルはサイドストリームです。だから、**時間的な無駄をなくすための手段としてこういったデジタルツールは積極的に活用していこう。タブレットやスマホに関しては「積**

極的活用」かなと私は思います。

例えば英単語なんか、昔は単語カードで勉強していたのが、全部アプリでピッピッとやっていったら自分でできちゃったりするじゃないですか。楽ですよね。だからそういうツールをどんどん使って無駄をなくす。空いた時間を自分の時間に使うために無駄をなくしていきましょう。

ところがノートまとめみたいな作業になってくると、同じものをゆっくりこのページで書き写すことによって体系化した知識が頭に入ってきます。紙を使って書くという作業のほうが合理的なんです。だけど、そこから用語を覚えるという段階になるとデジタルツールのほうが有利になるので、その使い分けですよね。

スマホやタブレットを使う判断基準は合理的、時間短縮になるかならないか、というところでしょうね。無駄をなくして、なるべく勉強時間は減らしたほうがいいですよ。

「スマホやタブレットを活用することによって時間が短縮できる、時間が短縮できたらその分もっと勉強できる」ではなく、**「時間が短縮できたらその分自分のやりたいことをやれる」という目線で考えてみてください。**

勉強する意味が分かりません。将来、特に役に立ちそうにないし、良い学校に入るためだけの勉強って、違うと思うんです。

ものすごく良い質問だね～。このような質問をする時点で君はすごい。通常は、疑問を持たないからね～。では、早速、その質問に答えるね。

今、君が勉強している**英数国理社といった主要教科5科目をはじめとした科目の勉強って、実は世界中でやっている**んだ。しかも近代教育が始まった150年ぐらい前から、内容の差こそあれ、似たようなことをずっとやっているんだよね。昔から今も、世界中で、似たようなことをやっていることが、もし無駄で意味のないことであれば、とっくにやめているはずだよね。でも、今もまだやっているんだ。なぜだと思う？　それは、**「意味があるから」**なんだ。でも、その意味を説明しないし、勉強を面白くない方法でやっているもんだから、「勉強＝やらなければならないこと＝意味が理解できない」と思ってしまうのも無理はない。

だから、まとめるとこういうことだ。「実は、勉強内容自体はものすごく意味があるんだけれど、見た目がつまらないし、テストされて評価されたりするし、またやりたくない宿題とかも出されるので、意味がないように見えてしまっている」ということなんだ。

では、「どういう意味があるのか？」と思うよね。その意味というのは、**「考え方（頭の使い方）のトレーニングをしている」**ということなんだ。考え方は、たくさんある。それらを国語的、数学的、理科的とか、音楽的とか、体育的とかって呼ぶ。実は実技科目でも頭脳の使っている部分が違うので、さまざまな科目をやることで頭脳の活性化が行われるんだよ。社会に出るといろいろな人がいるし、いろいろな考え方に出会う。自分が将来どんな方向に進むか、まだわからないだろうけれど、その時になって、**使われる頭脳は実は学校で学んでいた〝ある考え方〟**だったりする。だから**知識というのはそれほど重要ではなくて、考え方の方が重要**なんだ。つまり「脳トレ」をやっているということだ。

例えば、中学3年生で、因数分解というのがあるよね（まだ中1、中2生にはわからないかも）。

「$3x^2+5x+2$を因数分解しなさい」という問題。これの答えは「$(x+1)(3x+2)$」。これって何をやっていると思う？　それはね、「複雑な形（現象）」は「単純な形（原因）」によって成り立っているという思考方法を学んでいるんだよ。

$3x^2+5x+2$は複雑でしょ。それはカッコを使った（$x+1$）（$3x+2$）という2つの因子（原因）によって成り立っているということ。

実はすごいことをやっているんだよ。この形が複雑になると、考える思考レベルも高度になるので、脳トレの上級編をやっているとも言えるんだ。これが脳に刷《す》り込《こ》まれると、自然と、**世の中の複雑なできごとは、いくつかの単純なことの組み合わせからできている**とわかる。因数分解だけではないよ～。理科だって、「仮説→検証」という思考を学んでいるんだよ。**仮説**というのは「たぶんこういうこと」という予想。**検証**というのは実際に、本当にそうなのかを確かめるということ。これって、**日常で必要な考え方**だと思わない？　**仮説→検証の仕組みを「科学」**と言うんだ。**これを、理科を通じて学んでいる**んだよ。もちろん理科以外でも学べるけれど。ついでに、これまで人類は理科の分野で、何を発見してきたのかということも知ってしまうと、それを土台にして、また新しい発見があるかもしれないよね。それを科学の発展と言うんだ。だから私たち現代人は、豊かな生活ができているわけだしね。それもすべて、仮説→検証の結果だから。科学者でなくても、**普通に生活している人にもこの「仮説→検証」は役立つからね〜。**

このように、意味のない勉強は実は1つもないんだけど、意味がないと思って勉強していると意味が本当になくなるから、何かしら意味があるんだろうと思って、勉強をやってみて。すると得られるものも随分《ずいぶん》と変わってくると思うよ。

あとがき

最後まで読んでみて、どうだったかな。おそらく次のような印象を持ったんじゃないかな。「こんなたくさんのことやるの〜」「大変そう〜」「まじ、これやるの！」とか。

そこで、1つ重要なことをアドバイスです。

それは、「はじめから、全部やろうとしないように」ということ。

これは本だから、たくさんのことを書くんだよね。人はどの部分でヒットするかわからないから。そういうこともあって、ある程度のボリュームで書くんです。もちろん、高得点を取る生徒たちは、ほぼこれと似たようなことをやっているけど、初めからこれらがすべてできたわけじゃない。徐々《じょじょ》にできるようになっていっているんだ。

ということで、この本を読んだ君は、この本に書いてあったことで、今まで自分でやってこなかったことを多くて3つ、最低でも1つやってみることから始めてみて。1つでも2つでも行動すると必ず変化するから。変化が起こり始めると、その変化は徐々に大きくなってきて、点数が取れて、面白くなるんだ。そこまでいけば、あとは努力しなくて自動的に点数が取れるようになっていく。習慣化されてしまうからね。

この本に書いてあることをZoomのオンライン（実際に私が直接、中学生に指導する場）で全国の中学生に教えているけれど、たった2時間の話で、びっくりする結果が出ているんだ。

今までクラスで真ん中ぐらいのレベルだった子が、いきなりトップ集団に入るとか、クラス1位とか。本当にやれば結果が出ることを全国の中学生が証明してくれている。実際に届いた報告メールを見てみて。

「5月の『中学生の勉強法講座』でお世話になりました木村（仮名）です。6月13日〜14日の日程で人生初の中間テストを受けたので、ご報告です。国語94点、数学88点、英語93点、理科88点、社会（歴史）57点、でした。

うちの子は小学校のときはまあまあという感じで、小テストは満点を取れるけれど大きなテストはどこかしら間違《まちが》えて、成績はAをもらったことがなく、全教科Bだったので、危機感を感じて石田先生のセミナーに連れていきました。本人は最初はあまり自覚がなかったものの、中間テスト前になって徐々に学校や塾《じゅく》で言われて勉強しなきゃとなり、石田先生からいただいたセミナー資料も見ている様子でした。「目指すゾーンは4」と言っていましたが、結果は私としては「よくがんばったね！」と思うものであり、本人としては「もっと取れたはず…悔《くや》しい」というものでした。ちなみに社会は難易度が高かったとのことで、「平均点以上だから、見た目ほど悪くないんだよ」とのこと。本人が終わって悔しがっていたのが母としてはうれしかったです！

本当にどうもありがとうございました！！！」

「この前、『中学生の勉強法講座』のお話しを聞いた石川（仮名）です。先日、テストの結果が返ってきました。クラスで1位、学年で7位に入ることができました。石田先生のおかげです。ありがとうございました！」

今の君の学力とかは一切関係なく、「やるかやらないかだけ」なんだよね。努力してみて、結果が出ない自分を見るって結構悲しいことだよね。人間ってそんなことを考えてしまうけど、一つ何かやれば必ず成果が出てくるものなのです。ただし、成果が出る方法でやればね。成果が出ない方法でいくら勉強しても結果は出ません。

だから、成果が出る方法で一歩一歩コツコツやっていくと、1年も経てば、相当なレベルになっているのです。

最後に、本当に最後のアドバイスを1つしますね。

この本を1回読んで終わりにするのではなくて、テスト2週間前ぐらいにはいつも読むようにしてみて。そして、自分のテスト前の計画を紙に書き出して「見える化」をしてみてね。それをやっていくと必ず君は上がっていくから大丈夫《だいじょうぶ》だ！

〈保護者のみなさま〉

本書をお手に取っていただき、ありがとうございます。いかがでしたでしょうか。学校でも塾でも、肝心《かんじん》の勉強方法や覚え方を教えているところは少ないと思います。少なくとも私達大人が子どもの頃《ころ》にはなかったのではないでしょうか。それでも勉強をする子たち、覚えようとする子たちは、本当にかわいそうだと思います。やり方がわからないため、ただ書き続けることが覚えることだと勘違《かんちが》いしたり、問題集を1回だけ解いて、教科書やノートを見ることが勉強だと勘違いしたりすると、やってもやっても成果が出ないので、やる気はどんどん失われていきます。

そのような子どもたちが全国にごまんといます。ですから30年以上にわたり実績を出し続けてきた勉強法ノウハウがたくさんの中学生に届くことを切に願っています。その結果、自己肯定感《じここうていかん》が上がり、自分の人生を楽しむことができる子が1人でも増えてくれたら何よりの喜びです。

本書を最後までご覧いただきありがとうございました。

〈謝辞〉

今回、「中学生の勉強法ｖｅｒ．2.0」を出版するにあたって、構成、制作にご尽力《じんりょく》くださった新興出版社啓林館《しんこうしゅっぱんしゃけいりんかん》のみなさん、株式会社ユニックスのみなさんに心から感謝申し上げます。

そして、勉強という一見かたいテーマをふんわりと温かく包《つつ》み込《こ》んでくれるような装画を描《か》いてくださったよしだ　みさこさん、素敵な装丁に仕上げてくださった西垂水　敦さんに感謝申し上げます。

このようなみなさんのご協力によって、『これまでヒミツにされてきた誰《だれ》でもトップ層に入れる中学生の勉強法ｖｅｒ．2.0』を世に出すことができました。ありがとうございました。

2023年1月　八ヶ岳のカフェで

石田勝紀

これまでヒミツにされてきた 誰でもトップ層に入れる

中学生の勉強法 ver.2.0

2023年2月1日　初版発行

著　者　石田勝紀　　代表者　佐藤諭史

発　行　株式会社 新興出版社啓林館

〒543-0052 大阪府大阪市天王寺区大道4-3-25
営業 0120-580-156
編集 0120-402-156
平日 9:00〜17:00
https://www.shinko-keirin.co.jp/

印刷所　株式会社チューエツ
